里程碑
文库
THE
LANDMARK
LIBRARY

人类文明的高光时刻
跨越时空的探索之旅

[英]奈杰尔·斯皮维 (Nigel Spivey) ▶ 著
王志超 ▶ 译

一只古希腊陶瓶的
前世今生与英雄之死

萨尔珀冬
陶瓶

THE
SARPEDON
KRATER

THE LIFE AND AFTERLIFE OF A GREEK VASE

北京燕山出版社
BEIJING YANSHAN PRESS

萨尔珀冬陶瓶：
一只古希腊陶瓶的前世今生与英雄之死

[英]奈杰尔·斯皮维 著
王志超 译

图书在版编目(CIP)数据

萨尔珀冬陶瓶：一只古希腊陶瓶的前世今生与英雄之死 /(英)奈杰尔·斯皮维著；王志超译. -- 北京：北京燕山出版社, 2021.10
(里程碑文库)
书名原文: The Sarpedon Krater : The Life and Afterlife of a Greek Vase
ISBN 978-7-5402-6200-6

Ⅰ.①萨… Ⅱ.①奈… ②王… Ⅲ.①陶器(考古)—文化史—古希腊 Ⅳ.①K885.456.3

中国版本图书馆CIP数据核字(2021)第188509号

THE SARPEDON KRATER
THE LIFE AND AFTERLIFE OF A GREEK VASE
by Nigel Spivey

This is an Apollo book, first published in the UK in 2018 by Head of Zeus Ltd
Copyright © Nigel Spivey 2018
Simplified Chinese edition © 2021
by United Sky (Beijing) New Media Co., Ltd.

北京市版权局著作权合同登记号 图字：01-2021-5004 号

选题策划	联合天际	特约编辑	王 争
版权统筹	李晓苏	版权运营	郝 佳
编辑统筹	李鹏程 边建强	营销统筹	绳 珺
视觉统筹	艾 藤	美术编辑	程 阁

责任编辑	王月佳 赵 琼
出 版	北京燕山出版社有限公司
社 址	北京市丰台区东铁匠营苇子坑138号嘉城商务中心C座
邮 编	100079
电话传真	86-10-65240430(总编室)
发 行	未读(天津)文化传媒有限公司
印 刷	北京雅图新世纪印刷科技有限公司
开 本	889毫米×1194毫米 1/32
字 数	177千字
印 张	9印张
版 次	2021年10月第1版
印 次	2021年10月第1次印刷
ISBN	978-7-5402-6200-6
定 价	78.00元

关注未读好书

未读CLUB
会员服务平台

本书若有质量问题，请与本公司图书销售中心联系调换
电话：(010) 5243 5752

未经许可，不得以任何方式
复制或抄袭本书部分或全部内容
版权所有，侵权必究

目录

序言   I

1 "价值百万美元的陶瓶"
   陶瓶的发现及其归属权的争夺   1

2 欧弗洛尼奥斯与"先锋派"
   "杰作"的诞生：艺术家及其同侪的肖像   33

3 雅典和会饮
   陶瓶的主要文化语境   71

4 史诗的教育意义
   荷马与萨尔珀冬主题   97

5 来世的图像
   作为伊特鲁里亚"陪葬品"典范的萨尔珀冬陶瓶和
   阿提卡墓葬的莱基托斯瓶上的睡神和死神   135

6 图像的来世（1）
   萨尔珀冬与古代的"美丽遗体"母题   163

7 图像的来世（2）
   英雄的变形：基督教仪式中的异教徒原型   195

8 尾声
   一位英雄漫长的死亡   235

致谢   245

注释   246

参考文献   257

图片来源   262

译名对照表   263

序言

作为一只陶瓶，萨尔珀冬陶瓶相对较大。但作为一件里程碑式的文物，它又几乎小得可笑，只有45.7厘米高（见图a-c）。这样大小的一件物品，为什么可以被拿来与巨石阵、金字塔和万里长城等通常被我们视作里程碑的历史遗迹相提并论呢？

按照本文库的主张，"里程碑"一词的含义可以延及非建筑性结构的艺术作品，因此能包括某些音乐、图像和文学作品。可即使就这个意义而言，一件陶器也不太可能被视作"里程碑"。在展出中看过萨尔珀冬陶瓶的人，或许可以感受到它意义非凡。它的装饰主题无疑也相当宏大，符合"史诗"风格，也真的令人"叹为观止"。但它为何可以被视作世界文化史上一项卓越而又影响深远的成就，还需要解释一下——这也正是本书的任务。

这是第一只在艺术品市场上卖出100万美元的古希腊陶瓶。这还只是它在1972年的价值，现在可能又翻了好几倍。可以说，这件文物获得了令人惊叹的资本价值。它在近代的经历，包括盗墓、阴谋诡计、欺诈、诉讼、国际社会的愤怒，可能还有谋杀。本书第一章会试着厘清这些事件的先后顺序，但有关盗墓案的一些细节（包括可能的凶杀事件）似乎注定无法搞清楚了。

这只陶瓶上有陶工欧克西泰奥斯和画师欧弗洛尼奥斯的签名。作为陶器设计的典范，它立意深远、制作精良。或许只有那些亲自尝试把湿润的黏土塑成优美对称形状的观众，才能真正领会陶工的高超技艺。但无论如何，它在现代能卖出那样的好价格，还是因为画师大名鼎鼎。在这一陶瓶被发现之前，欧弗洛尼奥斯就

图a-c：萨尔珀冬陶瓶，公元前515—前510年，上面有画师欧弗洛尼奥斯和陶工欧克西泰奥斯的签名。高45.7厘米；瓶口直径55.15厘米。切尔韦泰里，考古博物馆。

IV　萨尔珀冬陶瓶：一只古希腊陶瓶的前世今生与英雄之死

已经在学术界和鉴赏圈享有盛誉，被视为古代雅典的"先锋派"艺术家之一。在当时，这些艺术家在多大程度上意识到了自己的前卫不太好说，但围绕在欧弗洛尼奥斯身边的一些同侪，帮助他定义了他的风格，这是本书第二章的重点。

除了谚语所说的"小即是美"，这件文物在空间和时间上的流动性不仅是其里程碑意义的一部分，也是其象征力量的关键。这只陶瓶制作于公元前6世纪末的雅典，很可能是城里举办会饮时用过的器具：制作它的目的或许正在于此——因为"kratêr"一词的字面意思是调酒器，主要用途是在正式的宴会场合往酒中掺水。这个正式场合，也就是会饮，是本书第三章的主要内容。

参加会饮的人都受到某种共同文化的约束，这就相当于同伴压力。无论陶瓶被用于何种用途，它都要求观赏者至少要从它的部分装饰中辨认出一种叙事来源。我们猜测这个来源应该是荷马那部史诗，不过很可能并不完全是我们今天读到的《伊利亚特》。为什么一个史诗般的场景适合出现在会饮上，这个问题我们会在第四章中提到，尤其会探讨为什么这一场景中会出现一个浑身是血的萨尔珀冬，一个在特洛伊作战的异邦战士（在这一章中，读者将会看到关于陶瓶的详细分析）。

在某个时候，陶瓶进行了第一次长途旅行，它穿越地中海，从雅典抵达伊特鲁里亚（意大利）。在这里，有很多欧弗洛尼奥斯绘制的陶瓶，尤其是在切尔韦泰里（古代卡埃里），从罗马沿着海岸来此，驱车只需半个小时，因此陶瓶也可能直接用于出口。无论如何，某个伊特鲁里亚人曾使用这只陶瓶，可能只是用来调酒，后来陶瓶有了破损，被人用金属铆钉修复，但依然被当成宝贝，最终被存放到了切尔韦泰里的一座古墓里。这些事具体发生在何时尚不清楚，但无疑早于公元前4世纪中期。那时，这只陶瓶或许已经成了"传家宝"。

一只原本用于会饮的陶瓶如何变成了伊特鲁里亚人的陪葬品，这是第五章的主题。该章同时还会介绍睡神与死神搬运萨尔珀冬尸首的这一主题——显然也是欧弗洛尼奥斯的发明，因为我们找不到更早的例子——同样被用到了雅典的葬礼当中：变成雅典人为死者陪葬的莱基托斯陶瓶上的主题装饰。

第六章追溯了这一主题的广泛传播。"古典""希腊化""罗马时期"，源于希腊和罗马世界的风格分期标准既意味着时间顺序，又有地理上的延伸。正是通过这种方式，这一母题张开了双翅。陶瓶本身被埋到了地下，但无论是在各种媒介上，还是在希腊或希腊培养的艺术家和工匠踏足过的地方，我们都能发现其久远独创性的明证。

这一过程——"传播""间接指涉""重复利用""重新修改"这类说法在其中的意思会时有重合——在本书中被称为陶瓶的"来世"。相关介绍借用了阿比·瓦尔堡（1866—1929）的术语和方法，对他来说，古物的来世研究起初只是个人项目，后来却发展成了一个学术机构。瓦尔堡的方法就是我们在第七章中采用的方法，在这里，我们会看到萨尔珀冬母题在文艺复兴时期的基督教意象中的借用和重生。该章最后,我会试着超越"看到同胞死去时我们内心总会有一丝快感"这种极端的心理学解释,来简要阐述一下该主题拥有长久美学魅力的原因。

在第八章,我们的旅程终于吕基亚的桑索斯:照历史上的说法,这里是激发这一艺术作品的英雄萨尔珀冬的最后安息地。

* * * * * *

"价值百万美元的陶瓶"

陶瓶的发现及其归属权的争夺

"这是最好的古希腊陶瓶。"1972年秋,《大都会艺术博物馆公报》自豪地宣布了一项新的收购,如今来看,这一行为简直就是自找麻烦。它的兴奋之情或许没有问题,因为本书本质上也支持这种旗帜鲜明的宣言。然而,伟大成就的宣布却加深了它的购买途径带来的阴影。我们的陶瓶是如何被位于纽约的博物馆买走的,后来又是为何被送回了意大利,这个不太光彩的故事如今已经尽人皆知。尽管有些细节仍然扑朔迷离,但我们似乎还是值得做如下梳理。

故事可以从一段小插曲讲起。有个12岁的小男孩第一次参观了柏林雄伟的考古博物馆。那是1930年,华尔街还没有从股市"大崩盘"中恢复;而在德国,国家社会主义正变成一场重要的政治运动。可这位来自图林根的年轻游客的全部注意力,都集中在了博物馆展柜里的一只古希腊陶瓶上。这是一只巨大的陶瓶,上面绘有雅典体育场所的诸般场景:摆出各种姿势的运动员,还有他们的教练和身份低微的随侍(图1)。陶瓶上没有签名,但博物馆的标签上写着一位艺术家的名字:欧弗洛尼奥斯。男孩当即下定决心,他要成为一名考古学家,并用一生来研究如此迷人的古物。

曾长期担任纽约大都会艺术博物馆文物总监的迪特里希·冯·博思默,是这样描述促使他后来变成古希腊彩陶专家的那一刻的。就像意大利人会说的那样——"即使这不是真的,那也是个好故事";不过,"三岁看老",可以想见,对欧弗洛尼奥斯的漂亮陶瓶一见钟情的少年在变成一位仔细认真的学者后,却为了获得同一画家创作的类似

图1：花尊状陶瓶，一般认为由欧弗洛尼奥斯绘制。据报道，陶瓶19世纪70年代发现于卡普亚附近。制于约公元前520年，属画师早期作品。另见图18。高34.8厘米。柏林，古典藏品馆，编号F2180。

陶瓶（外形相似，但装饰甚至更为出色）而放弃了职业谨慎。不管怎样，这都是一个关于热爱的故事，在某种程度上解释了萨尔珀冬陶瓶在近代的戏剧性经历。而在这个故事的众多主角中，没有人比迪特里希·冯·博思默更有热情了。

他年轻时雄心勃勃，加上反对纳粹（主义），于是先去了英国，后又去了美国。1938年，博思默获得罗德奖学金（当时德国人仍有资格获此奖项），成了约翰·D.比兹利的学生。比兹利当时是牛津大学林肯学院古典考古学的教授。就这样，他投到了世界公认水平最高的古希腊瓶画专家的门下。据他自己所说，他成了一个虔诚的信徒。他不仅学习掌握了比兹利为匿名画作确定作者的方法，还很快成了比兹利最值得信任的合作者。此外，他还有一个特长：让"孤儿"与"家人"团圆——换言之，某陶瓶的碎片哪怕散落在不同大陆，他也能看得出它们能拼合到一起。战争的爆发导致博思默移民美国，他先在伯克利（师从比兹利的另一个学生，H. R. W. 史密斯）继续学业，随后去了芝加哥，后来还志愿去太平洋服了兵役。（以优异的表现）退伍后，博思默又重新成了一名学者和鉴赏家。虽然远隔重洋，但他与老师比兹利始终保持着定期通信，互寄笔记、草图和照片，并形成了一年一会面的惯例。

在比兹利的早期作品中，有一本名为《美国博物馆中的阿提卡红绘陶瓶》(*Attic Red-Figured Vases in American Museums*，1918年)的专著。比兹利将这本书献给了爱德华·沃伦和约翰·马歇尔，以向他们"为美国建立宏伟的陶瓶收藏而做出的不懈努力"致敬。沃伦是一位造纸巨头的儿子,他在学生时代去罗马旅游时,就开始用继承的遗产购买古典时代的文物。他的朋友马歇尔不久也受雇于纽约大都会艺术博物馆,以"欧洲代理人"的身份为博物馆在欧洲搜罗古代文物。马歇尔在1906年担任这个职务时,大都会艺术博物馆只有很少的古希腊陶瓶。但到1928年去世时,马歇尔已经取得了非凡的成就。1946年,馆长吉塞拉·里希特任命博思默为大都会艺术博物馆的助理馆长。现在,她可以宣布,经过20多年的努力,大都会艺术博物馆收藏的古希腊陶瓶"不仅可以体现雅典红绘陶瓶的主要发展时期,而且已经跻身世界顶级收藏的行列"。

要是有欧弗洛尼奥斯的作品就更好了。但事实是,美国的博物馆几乎没有收藏这位画家的作品。弗兰克·塔贝尔是1888—1889年美国雅典古典研究学院的院长,他曾获得一些陶器残片,后来流转到了芝加哥大学。1910年,波士顿美术博物馆从爱德华·沃伦手中购买了一些文物,其中有几件"凉钵"[*],被比兹利认为是欧弗洛尼奥斯的作品。据说这只陶瓶来自奥尔维耶托的伊特鲁里亚遗址,即使是在破碎状态下,也散发着一种艺术野心,要在一个弧形器皿的有限空间内,精心展现出动人的图景(图2)。

获得如此古色古香的高品质文物的机会,似乎不太可能再出现。后来,在20世纪60年代初,来自波士顿的古典考古学家艾米

---

[*] 所谓凉钵,是在钵里放水,然后再将一只倒满酒的花萼状陶瓶放进去,还是钵里放酒,然后再将其放在一只装满、雪或凉水的花萼状陶瓶里,争议尚存。

图2：欧弗洛尼奥斯凉钵的细部。画面中，国王彭透斯精神错乱，大量出血。两侧各有一个少女抓着他。其中一个叫嘉琳（意为"平静"），名字颇具讽刺意味。其他的少女围着凉钵跑来跑去。波士顿，美术博物馆，编号10.221a-f。

丽·韦尔缪勒引起了学术界的注意，她展示了一些被认为是欧弗洛尼奥斯作品的花萼状陶瓶残片，上面描绘了会饮和飨宴的场景（图3）。韦尔缪勒充满感激地指出，这只残缺的器皿先是在罗德岛普罗维登斯做了一次展览，后来又借给了波士顿美术博物馆，但涉及这些残片拥有者的身份时，她一直保持着谨慎。至于这个陶瓶可能的来源，她没有直接说明，只是提到了她的观察：从陶瓶边缘的破损状况，到古代的修复痕迹，再到幸存至今的手柄。她补充道："在被送进坟墓之前，这只陶瓶可能作为展示品一直放在

图3：花萼状陶瓶残片及其描述会饮场景的画面，欧弗洛尼奥斯绘制。画面中，吹笛者是叙科（意为"无花果"）；侧躺着饮酒且能看到正脸的，是图德摩斯；在他的卧榻上打着手势的英俊青年，是斯米克罗斯（意为"小巧"）。图中人物的头发和面部特征都与萨尔珀冬很像（见图78）。高44.5厘米。慕尼黑，考古博物馆，编号8935。

伊特鲁里亚人的会饮上。"1969年,这只陶瓶最终被慕尼黑州立考古博物馆收藏,当时它已经被"认证"为属于欧弗洛尼奥斯作品。在此之前,约翰·比兹利爵士(1949年被授予骑士称号,1959年又因其对学术的杰出贡献而被授予名誉勋位)的《阿提卡红绘陶瓶画师》(Attic Red-Figure Vase-Painters,1963年)再版时,也把这只陶瓶添加到了附录中。在该书简明扼要的目录中,比兹利只是说这只陶瓶来自"费城市场",还补充道:"来自赫克特。"

在该书序言中,比兹利感谢了两个人的帮助。他感谢他们的"善举",并表示:"感谢他们让我注意到那些极有可能从我眼前溜走的陶瓶。"两者之一便是赫伯特·卡恩,他是巴塞尔一个家族企业的老板,经营古钱币和手工艺品;另一个是罗伯特(鲍勃)·赫克特,和卡恩一样,在20世纪50年代从事文物贸易之前,赫克特也认真研读过古典考古学。作为罗马美国学院的研究员,他定居于罗马,并以此作为与世界各地的博物馆和收藏家做生意的大本营。尽管在人们眼中,赫克特是一名"温文尔雅"和"圆滑世故"的商人,但他有时也可能行事鲁莽。例如,他1962年在土耳其收购了一些硬币,乘坐土耳其国内航班时,因为过于兴奋,他忍不住将硬币拿出来把玩。被人看到后,赫克特因为涉嫌携带违禁品出境,在伊斯坦布尔机场遭到了警方的盘问,并被禁止再踏上土耳其的土地。前一年在意大利,他(与赫伯特·卡恩等人一起)也因为涉嫌买卖赃物而受到指控。但在无罪释放后,他就开始发迹了。他不仅成了大英博物馆和卢浮宫这样受人景仰的大机构的文物供应商，还偶尔会造访牛津大学，与比兹利分享新发现的古希腊陶瓶的照片。

这些古希腊陶瓶是从哪里来的呢？通常并非希腊。正如我们接下来将看到的（见P35），由于各种历史和考古因素，它们往往是在伊特鲁里亚人的坟墓中被发现的。伊特鲁里亚人是意大利古代一个被称作"伊特鲁里亚"地区的居民。广义地说，伊特鲁里亚的中心地带位于罗马与佛罗伦萨之间，这里据估计约有50万座古墓。许多古墓仍然埋在农田之下；其中不少在很久之前就已经被洗劫一空，包括伊特鲁里亚人按照习俗为死者准备的陪葬品。古代和中世纪的盗墓者可能一直在寻找珠宝或者贵金属。但从18世纪晚期开始，陶器也开始成为盗墓贼的目标。也正因此，伊特鲁里亚地区的现代居民在探寻墓葬方面展现出了特殊才能。他们不需要复杂的传感设备，只需一根长长的钢棒——一端是尖头，另一端是用来向地下钻探的把手——通常就足以找到潜在的宝藏。盗墓贼一般在夜幕掩护下行动。他们大多都是当地的农场工或苦力，曾在少年时当过半吊子考古学家，并受到不信任国家权威的本地意大利人的庇护，无论是军警还是文保部门都管不了他们，因为后者会迅速吞并具有考古价值的土地，但在对被吞并土地的农民给予补偿时却迁延日久。在南伊特鲁里亚的主要中心，如塔奎尼亚、武尔奇、维爱和切尔韦泰里等地，田野、牧场和火山陡坡都是常见的发掘点。一些盗墓者声称，经过多年的发掘，他们已经掏空了数千座墓穴。

曾经有一段时间，从古墓中挖出的宝物（或经过精心包装的宝物复制品），会被放在罗马的波特塞门旧货市场，或者像巴巴维诺大道上的法拉尼这样的商店橱窗里出售。（现在不是这样了，稍后我们就会知道原因何在。）当赫克特的职业生涯起步时，情况就是这样。20世纪60年代，他如何将欧弗洛尼奥斯创作的陶瓶卖到慕尼黑，我们尚不清楚，但值得注意的是，1988年以前，他还为这家博物馆提供了这只陶瓶的更多残片。

由于需求旺盛，对赫克特来说就有必要研究是否还能从伊特鲁里亚的古墓中找到欧弗洛尼奥斯的其他作品。20世纪60年代中期，赫克特结识了贾科莫·美第奇，与当地盗墓团伙的直接联系问题就此解决。美第奇的父亲是一个小古董商，在罗马的坎波·马齐奥经营一个摊位。父子二人曾被指控买卖赃物，在漫长的审判之后，最终以他们被判处短期缓刑告终。小美第奇于是学会了使他的活动更隐蔽，在选择客户与文物时也更谨慎。与其在博尔盖塞广场向路过的游客兜售各式各样的古物，还不如专门从伊特鲁里亚和其他地方偷盗的赃物中采购高端文物，这样更安全，也更有利可图。美第奇了解盗墓者的工作地点和工作方式。他的客户首先是意大利的私人收藏家。赫克特为这个行业带来了更广阔的空间，使其与国际博物馆、收藏家甚至专业学者都建立了联系。除了比兹利（赫克特称他为Jackie D.），这些学者还有牛津大学的科学家，他们开发了测量陶器（和其他材料）残余热释光的技术，从而确保了文物的真实性。

赫克特与美第奇的合作始于一只雅典红绘陶杯。这只酒杯卖给了瑞士的一位收藏家，价格比赫克特付给美第奇的要高得多，赫克特很满意。反过来，赫克特付给美第奇的钱也比美第奇付给盗墓者的钱多得多，美第奇也很满意。而对盗墓者来说，美第奇付给他们的报酬又比他们通常情况下一个月甚至一年的"日常工作"所得多得多，他们也很满意。为了把一件古代文物运出意大利，一个经济链条就此被建立起来。对赫克特和美第奇来说，这标志着二人此后数十年合作的开始。他们的经营范围涵盖数量庞大、类型多样的工艺品，包括数不胜数的伊特鲁里亚神庙的陶制饰品残片、从伊特鲁里亚古墓揭取的部分壁画、珍贵的金属制品等。瑞士是一个理想的销售地，一些著名的买家和经销商，如赫伯特·卡恩和埃利·博罗夫斯基等，都以瑞士为基地。但他们最终的目标是全世界，伊特鲁里亚并不是唯一的文物来源。例如1970年，赫克特向美第奇支付了6.7万美元，购买了从蒙特里布蕾蒂附近一座俯瞰台伯河谷的小山上的古墓里洗劫的各类文物。这些都是一位萨宾王子的陪葬品，包括王室庆典所用的黄金浮雕板和马匹饰物。然后，赫克特又以24万美元的价格将这些文物卖给了哥本哈根的新嘉士伯艺术博物馆。

不过，最受市场青睐的还是古希腊陶瓶。从纽约克里斯蒂拍卖行2000年6月的销售目录中，我们可以看到美第奇能够提供的东西，不管其中是否经过了赫克特的中介。以埃利·博罗夫斯基的藏品为例，总计157件残片，售出146件，总销售额达到

7,053,906美元。即使是残片，也可能是有价值的：只要有足够多的原始装饰留存，可以用来判断作者的归属。有经验和掌握必备专业知识的人，只需要一些判断条件——一些典型的华丽布帘，以及明显的身体局部结构图案，如踝骨——就能利用比兹利溯源法（详见P42）确定作者的身份。只有极少数考古学家才有这种能力，但如前所述，博思默正是其中之一。1959年，他被任命为大都会艺术博物馆希腊和罗马艺术部的负责人时，已经认识了赫克特，并会通过购买一些小物件来练习他的鉴定技巧。这些小物件大多是残片，也是他的私人收藏——即使不是需要领养的"孤儿"残片，也可以作教学之用。但代表大都会艺术博物馆购买一件重要藏品，并不是他一个人可以完成的事情。

对于任何一位博物馆管理者来说，购买来历不明文物的风险在当时都是众所周知的。约翰·马歇尔和吉塞拉·里希特都曾被几尊伪造的伊特鲁里亚陶俑骗过，这件事很有名。这些陶俑是大都会艺术博物馆在1915—1921年购买的（其中一尊花费了4万美元）。1961年，在博思默的见证下，大都会艺术博物馆最终承认这些陶俑是赝品（即使从照片上看，这些陶俑的伪造特征也很明显，但或许这只是事后之见）。但一些收购真的值得冒险吗？竞争之风日盛，尤其是在新世界的收藏机构之间（特别是在20世纪70年代，石油巨头保罗·盖蒂的私人古董收藏开始转型为公共博物馆时）。1967年，大都会艺术博物馆迎来了一位敢作敢当的新主管——托马斯·霍文，他自称长于自我营销，喜欢把博物馆里的活动作为头版新闻报道，即使这意味着"让（埃及的）木乃伊们出来跳舞"也在所不惜。他在处理博物馆藏品时俨然一副寡廉鲜耻的商人嘴脸，认为一件文物只要能吸引公众成群结队地前来观看，就值得收藏。

萨尔珀冬陶瓶的发掘及其在1972年被卖给大都会艺术博物馆一事的真相，很可能已经随着故事的主角一起埋进了古墓。2009年底，迪特里希·冯·博思默和托马斯·霍文相继去世，鲍勃·赫克特也于2012年去世。据猜测，一个由7人组成的盗墓团队（外加两个望风的）参与了寻找陶瓶的过程。他们中的大多数人目前也已去世，而且无论如何，他们都不可能打破意大利盗墓

图4：切尔韦泰里的圣安杰洛大墓地的建筑结构图，萨尔珀冬陶瓶据称就发现于此。该遗址位于古代切尔韦泰里所在的高原东南背风处。大墓地的可见立面，主要是在公元前4世纪晚期和前3世纪建造的仿宫殿式陵墓。

14　萨尔珀冬陶瓶：一只古希腊陶瓶的前世今生与英雄之死

贼在传统上的缄默法则。

就目前所能还原的真相而言，萨尔珀冬陶瓶似乎发现于1971年12月的一个晚上。当时盗墓者正在伊特鲁里亚人的古城卡埃里（或称切尔韦泰里）一处杂草丛生的悬崖边勘查，这里位于罗马以北，距罗马只有大约半小时车程。这个被称为"圣安杰洛"的地区距离现代城镇的郊区不远，虽然杂草丛生，但仍能清晰地看到瓦齐纳山谷和通往内陆的一条道路（图4）。盗墓贼效仿一些现代考古先例（如拉斯科洞穴壁画）真假难辨的发现过程，老是宣称他们是在捕猎野猪时偶然发现了一座古墓。但更有可能的是，他们一开始就知道该地区是伊特鲁里亚城周边墓地的一部分，是寻找古代宝藏的好地方。

经过多次挖掘，盗墓者才找到了陶瓶所在的墓穴（由一系列墓室相连），并将其洗劫一空。陵墓的整体当时是否已经坍塌，或者坍塌是否由盗墓者的此次进入引起，目前还不清楚。对于盗墓者来说，劫掠就是他们的全部目的。没有人对精微的地层学感兴趣，也没有人做笔记，更没有人收集考古学家想要的信息。从本质上讲，这就是非法的文物交易所造成的科学研究灾难。然而我们有报告说，除了萨尔珀冬陶瓶，同一墓穴中还发现了一个由欧弗洛尼奥斯创作的基利克斯陶杯：这个陶杯上也描绘了搬运萨尔珀冬遗体的场面（见图37和图38）。虽然令人生疑，但这则信息暗示了关于古代伊特鲁里亚古墓墓主身份的一些有趣信息（见P43）。

至于萨尔珀冬陶瓶，我们尚不确定它的破碎是否由盗墓者强行进入其存放地所致；而且很遗憾，我们也没有可靠的证据证明它在墓地中的位置。它是和其他陪葬品一起放在墓室的地板上，还是放在雕花的长榻上，抑或（像赫克特听说的那样）是从墓室的地道入口找到的？虽然没有人愿意承认，但我们不难想象，陶瓶被发现的时候应是完好无损的，然而盗墓者为了方便走私，故意打碎了它。无论如何，陶瓶的50多件碎片被打包，并及时拿给了贾科莫·美第奇，后者毫不犹豫地支付了大约5000万里拉（约合8.8万美元）现金。他给这些碎片拍了几张拍立得照片，将其转移到了位于意大利和瑞士边境的卢加诺的一个保险箱里。然后，他通知了罗伯特·赫克特。这些照片足以立即引发回应。赫克特去了卢加诺，对这些碎片很满意，并与美第奇达成了价值150万瑞士法郎（约合35万美元）的交易。他预付了一笔钱，其余的分期支付，然后立即把碎片带到苏黎世，交给弗里茨·伯基复原。弗里茨·伯基以前是大学里的一名技术员，他的技术和谨慎都值得信赖。然后，赫克特就带着家人去滑雪，顺道欢度圣诞假期了。

"这是一个快乐的假期。"*度假结束后，赫克特四处寻找潜在买家，伯基则忙着修复陶瓶。碰巧的是，他经手的第一只陶瓶是在1950年卖给大都会艺术博物馆的，当时博思默比克里斯汀·亚历

---

* 摘自2000年底（或2001年初，具体日期不详）法国和意大利官员查获的一份回忆录手稿，当时他们突袭了赫克特于1974年迁至巴黎的住所。在赫克特遗孀的授意下，这本回忆录的一部分已经被私下印刷出版，前盖蒂博物馆馆长亚瑟·霍夫顿还为其写了序言；但它并不是一本坦率的个人忏悔录，关于赫克特与萨尔珀冬陶瓶的关系，也未能提供完整的讲述。

山大还要年轻。那只陶瓶是一个漂亮的阿普利亚陶瓶，上面画着一幅罕见的人物立像，大都会艺术博物馆为其支付了1万美元。据赫克特说，博思默当即宣布，他的任务就是为其"搜罗值得收藏的好东西"。无疑，在切尔韦泰里发现的文物就属此类。赫克特起初为了推销自己，写给博思默的信既戏谑又隐晦，有意引起这位纽约专家的兴趣。如果有这样一只陶瓶，它的尺寸与比兹利说的卢浮宫所藏的那只"赫拉克勒斯和安泰俄斯陶瓶"尺寸相近，而且"保存完好"呢（见图13）？接下来的一封信保持了神秘的风格，除了一点：价格。这可不是寻常的古希腊陶瓶。它的价格应该与莫奈的代表作在一个档次，并据此进行估价（霍文在大都会艺术博物馆引发的争议之一，就是花费140万美元买下了莫奈的《圣阿德雷斯的花园》）。

博思默对这只陶瓶很感兴趣，但他很清楚，霍文也同样希望能促成这笔交易。赫克特来到纽约，给他们看了一些照片。随后，博思默、霍文和大都会艺术博物馆的副馆长西奥多·卢梭乘飞机前往苏黎世当面验了货。那是1972年6月，经过伯基最后几次修复，陶瓶就将彻底恢复原貌。

20年后，霍文公开提到那次会面时说，当他在瑞士郊区的花园中看到那只陶瓶时，便情不自禁地"完全爱上了它"。他说，这只陶瓶满足了他对一件艺术作品的全部期待：完美无瑕的技术、宏大的结构、多层次的英雄主题，每次看都能发现新的东西。霍文说博思默当时"目瞪口呆"；至于他自己，他回忆道："第一眼看到它时,我就发誓一定要得到它。"

霍文从一开始就怀疑这只陶瓶是"在意大利被非法挖掘出来的",博思默肯定也有同样的怀疑。但他们谁都没有向赫克特追问陶瓶的来历:显然,他们不想知道太多。博思默在1997年接受采访时说,如果陶瓶上刻有伊特鲁里亚人的文字,那他是不会买下的,因为"那样的话,陶瓶就显然来自伊特鲁里亚人"。[*]第一次谈到陶瓶的来历时,赫克特开了一句玩笑,说这只陶瓶是其芬兰祖母的财产。然而,对于任何一个在古典考古学方面经验丰富的人来说,赫克特一本正经编出来的托词都必定会显得苍白无力。按照赫克特的说法,这只陶瓶出现在一个鞋盒中(或者是帽盒,这类细节前后并不一致),是一位常住贝鲁特、名叫迪克兰·萨拉菲安的亚美尼亚古董商的收藏。萨拉菲安向赫克特提供了书面证词,证明这些文物自第一次世界大战以来就属于他的家族。后来,萨拉菲安回忆道,他的父亲1920年在伦敦得到了一个装满碎片的盒子,"作为交换,他付给了对方一套从近东地区得来的金币"。

赫克特自称萨拉菲安的代理,并暗示他的客户,如果想要一个好价格,他将从中收取10%的佣金。什么价格合适?不少于100万美元。大都会艺术博物馆应该去哪里筹集这笔钱呢?近来,霍文已经出售了梵高和亨利·卢梭的画作,他在想是否可以把一些希腊雕像也加入交易。据赫克特所说,博思默透露,大都会艺术

---

[*] Nørskov 2002, 331.

博物馆已经有了出售数千枚希腊和罗马钱币的计划。赫克特建议使用苏富比拍卖行交易，霍文和博思默接纳了他的建议，并从拍卖行获得了一笔现金预付款（赫克特说是160万美元）。罗马金币在1972年11月售出，希腊银币在1973年4月售出，净赚数百万美元。尽管这一事件随后也引发了一些抗议，但并不严重。因为自1909年以来，古币收藏和研究的专利一直属于美国钱币协会，而非大都会艺术博物馆。

1972年8月底，赫克特带着修复如初的陶瓶，坐上了从瑞士飞往美国的头等舱，并在纽约成功通过了海关的检查。赫克特为它申报的价值是100万美元，成功避开了关税。博思默完全相信这只陶瓶的真实性，认为没有必要进行热释光检测。霍文宣布他最新的"斩获"时，简直无法抑制自己的喜悦之情（在回忆录中，他坦承当时的自己有"一种近乎从性爱中获得的快感"）。"艺术史即将被改写。"他声称。1972年11月12日，萨尔珀冬陶瓶成了首次登上《纽约时报》杂志封面的艺术作品。展览时，根据蒂凡尼专家的设计，萨尔珀冬陶瓶被放在一个透明的盒子里。陶瓶位于展览馆的中心，因此游客可以从各个角度欣赏它的美。在一张媒体拍摄的照片中，迪特里希·冯·博思默坐在办公桌前，摆在他面前的是一些陶瓶的照片，这些照片即将刊登在博物馆的季刊上，那是一期关于古希腊陶瓶的特刊。大都会艺术博物馆的馆长本性不喜浮夸，但此时他显然也很兴奋，按捺不住地肯定了陶瓶在学术上的重要性（图5）。因此，他首次发文的开场白是："在古希腊彩陶领域，不夸张地说，这是目前最好的一只陶瓶。"

在提交给博物馆收购委员会的分析报告中，博思默曾预言，这只陶瓶"将为我们带来外界的认可，而这正是我们一直以来追求的目标"。然而，正如他和霍文可能已经有所预料的那样，所有的炫耀都将付出代价。记者和评论家很好奇博物馆是如何得到这样一件非同寻常的文物的，自然还有它究竟花了多少钱。当这些问题得不到答案时，民间的调查就开始了。通过查看美国海关的记录，很容易就能发现这笔费用。陶瓶的来历很神秘，正如一位记者所说，这只陶瓶显然是"凭空变出来的"。起初，为了将来继续和赫克特做生意，霍文坚持要保密，但鉴于有些陶瓶来自意大

图5：1972年秋，纽约大都会艺术博物馆内，迪特里希·冯·博思默抚摩萨尔珀冬陶瓶。比兹利的溯源法是建立在细心研究基础上的，而博斯默更是认为："一个人只有用心，才能看到真实的东西。"

利非法发掘的谣言已经在流传,他们不得不将迪克兰·萨拉菲安的姓名透露给公众,从而为赫克特捏造出来的黎巴嫩人的故事提供一些证据。

给陶瓶起"火锅"这样的绰号,可能仅仅是霍文自创的一句俏皮话,但它的犯罪阴影并未随着时间的推移而减轻。1974年,他收到了芝加哥一位女士的信(他的回忆录中有相应记载),信中证实她和她的丈夫10年前在贝鲁特拜访迪克兰·萨拉菲安时,看到过一个装有古希腊陶瓶残片的盒子。令人困惑的是,霍文说这个女人叫"穆丽尔·希尔伯斯坦"。但确切地说,她的名字应为穆丽尔·斯坦伯格·纽曼,是著名的抽象表现主义艺术收藏家(1980年,她曾把自己的大部分藏品捐给大都会艺术博物馆)。更令人困惑的是,霍文后来确信萨拉菲安手里有欧弗洛尼奥斯创作的陶瓶碎片,但由于不完整,它们必然来自另一只陶瓶。在回忆录中,霍文透露了他认为的事情经过。早在1971年,鲍勃·赫克特就从迪克兰·萨拉菲安手里得到了欧弗洛尼奥斯创作的一些陶瓶残片。大约一年后,萨尔珀冬陶瓶才在切尔韦泰里被发现。为了便于出售后者,赫克特就又使用了他与萨拉菲安之前的书面交易材料。事情就这么简单。由于第二件欧弗洛尼奥斯的作品(同样是残品)近来确实流入了市场,所以霍文认为这个谜团已经解开了。

撇开"穆丽尔·希尔伯斯坦"特殊的来信不谈(现在可能也无法核实,因为她早在2008年已经去世),第三只欧弗洛尼奥斯陶瓶的出现,又使霍文凌乱的叙事更加混乱了。这只陶瓶其实并非陶瓶，而是一只用来喝酒的基利克斯陶杯，也是赫克特在兜售，上面还绘有萨尔珀冬的尸体以及睡神和死神。博思默渴望得到它，但到了这时，霍文已不想再与欧弗洛尼奥斯或者任何古希腊陶瓶产生一点儿瓜葛："火锅"只会越来越烫手。我们将在后面的章节中讨论基利克斯陶杯（见P149）；至于第二只陶瓶，虽被认为曾属于萨拉菲安，但我们可能也会注意到，它后来又转到了亨特兄弟手里——这两人是得克萨斯的亿万富翁（约在1980年，兄弟二人又得到了基利克斯陶杯）。当然，他们得到的陶瓶可能也是一些残片，可以装进一个中等大小的盒子里。但最终会有证据证明，这只陶瓶也是从切尔韦泰里劫掠而来。*

赫克特在回忆录中称，他很高兴能以当时的价格买下那只陶瓶，萨拉菲安也一下子就挣够了养老钱。但是，萨拉菲安究竟得到了多少报酬，我们不得而知。而据霍文所说，1977年，萨拉菲安和妻子在贝鲁特"一场神秘的车祸"中丧生。与此同时，意大利当局正在加紧寻找证据，试图证实有关萨尔珀冬陶瓶来自切尔韦泰里古墓这一流言的真实性。凑巧的是，圣安杰洛遗址的一块地在1972年秋天挂牌出售，后来被贾科莫·美第奇和一位在瑞士经营古董店的同伴买下——二人假装要建一座养猪场。这段时期

---

* 这只陶瓶目前收藏于朱利亚别墅博物馆，上面画着赫拉克勒斯神话中的一个特殊时刻。英雄给了土匪基科诺斯致命的一击，后者倒在地上；然而画面的中心是雅典娜，她伸出庇护之手，阻止战神阿瑞斯——基科诺斯的父亲为自己死去的儿子复仇（在这一故事的另一个版本中，基科诺斯变成了一只天鹅）。在切尔韦泰里，人们可能对赫拉克勒斯尤其感兴趣，因为这里也是绘有赫拉克勒斯与安泰俄斯主题的巴黎陶瓶的出土地（见P148）。

还发生了一件离奇的事情：由朱塞佩·普罗耶蒂领导的一个官方考古队展开了对这一遗址的发掘，但参加发掘活动的不仅有宪兵队的人，也有美第奇。那是1974年的夏天。

前一年，美第奇的哥哥罗伯托和一个同伴前往那不勒斯洽谈一桩古董生意时，意外失踪了，警察只找到了他那辆被烧毁的汽车。古希腊陶瓶的价值现在引来了一些心狠手辣的犯罪分子。萨尔珀冬陶瓶创纪录的交易价格还产生了另外的影响。因为这只陶瓶，当地的盗墓者各获得了大约8500美元的报酬，后来得知它竟然卖到了100万美元，不由得捶胸顿足。或许是出于报复，他们中的一名成员决定向宪兵部门提供一封检举自己的匿名信，以协助刑事调查。当警察询问阿尔曼多·切内莱时——他已经和记者们谈过了——他告诉警方，他当时只是负责望风，并没有直接参与圣安杰洛遗址上古墓的挖掘（所以，他或许并没有违反盗贼们的缄默原则）。然而望风时，切内莱瞥见了从古墓里拿出来的彩陶，而且看到陶瓶的照片后，他还声称自己在1971年12月的那天夜里见过"那个正在流血的男人"。作为调查线索，切内莱还将赫克特的名字提供给了办案人员。他的证词足以促使意大利当局启动司法程序，但这个国家的刑事司法系统并不以快速高效著称，因此到1978年秋，此案在奇维塔韦基亚开庭的时候，迪克兰·萨拉菲安已经去世，霍文早已辞去了大都会艺术博物馆馆长的职务，而阿尔曼多·切内莱也无法再对自己记忆中的事情做证。法官只好以证据不足为由驳回起诉。

与此同时，罗伯特·赫克特离开罗马前往巴黎，贾科莫·美第奇也搬到了日内瓦，但他们都没有放弃贩卖古董的生意。大都会艺术博物馆和波士顿美术博物馆继续收购古代艺术品；而在美国西海岸，还诞生了一个年度预算约达8000万美元的机构，以及一个热衷于购买各种古代文物的馆长。这个人就是伊里·弗雷尔，他在1973年才加入了马里布的保罗·盖蒂博物馆，在此之前，他曾在纽约大都会艺术博物馆待过一年。不过这一年，已足以使托马斯·霍文认定他是一个"诡诈、讨厌的家伙"，而且"玷污了……整个博物馆行业"（这让我想起一个成语：半斤八两）。弗雷尔被人熟知，可能主要是因为收购了大量的赝品（包括盖蒂博物馆的青年雕像），以及为富人们设计避税方案：让他们购买估值夸张的古董，然后再把这些古董赠送给盖蒂博物馆，以此抵消本来应该缴纳给美国国税局的那些费用。然而在马里布工作期间，弗雷尔也非常积极地（凭借其个人专业水平）扩充盖蒂博物馆的古希腊陶瓶收藏。到1983年，他已经有自信出版一本名为《保罗·盖蒂博物馆的古希腊陶瓶》（*Greek Vases in the J. Paul Getty Museum*）的书了。国际学者受邀前往盖蒂博物馆发表新成果。毫无疑问，这对学术界是有好处的，但正如愤怒的观察者们可能会说的那样，这些活动在某种意义上是为了"洗白"那些偷来的文物。而在弗雷尔谈到这些文物的来源时，不是故意打马虎眼（例如来自"欧洲艺术市场"），就是伪造一些具体的信息（例如属于"伊斯特哈齐伯爵"）。

弗雷尔最终因行为不端而受到讯问和降职。1986年，他离开了盖蒂博物馆。但他的收购策略仍在博物馆起着作用。事后可以很明显地看到，某一组特殊的残片组合加深了人们对其非法来源的怀疑，那就是在一篇发表于1991年的文章中，作者狄弗里·威廉姆斯（当时在大英博物馆工作）曾讨论过的那只巨大的基利克斯陶杯。威廉姆斯恭喜盖蒂博物馆拥有了"奥奈西摩斯最奢华的酒杯之一"。他首先确认，尽管酒杯底部曾经刻有"欧弗洛尼奥斯所制"的铭文，但在这里，欧弗洛尼奥斯是以"陶工"而非"画师"身份签名的。据推测，这幅画的风格应该属于他的学生奥奈西摩斯，一位多产的陶瓶画师。在虔诚的黄金时代，即公元前5世纪早期，他似乎曾为雅典卫城上的雅典娜女神敬献过7个大理石盆。人们相信，作为陶工的欧弗洛尼奥斯发展并完善了独特的"巨型杯"，这种杯的口径很宽，但并不深：可以肯定，这种杯子并不适合作为饮具，但却可以为绘画提供更多空间（参见P43）。正如威廉姆斯所示，奥奈西摩斯巧妙地利用了陶杯外面多出来的空间，描绘了荷马《伊利亚特》中的两个场景：场景之一是阿伽门农掳走阿喀琉斯的侍女布里塞伊斯，这正是"阿喀琉斯之怒"的原因；另一个场景（画面不完整）明显是埃阿斯与赫克托耳决斗的画面，而且，杯子内部更复杂的画面则使人想起《特洛伊的陷落》(*Ilioupersis*)。然而，除了大小和装饰上的宏大场景，这只陶杯也体现出了一个特别之处：它的底座凹槽内刻有伊特鲁里亚人的铭文（图6）。伊特鲁里亚人的语言或许有其隐晦的一面，而

图6：C形基利克斯陶杯，画师被认为是奥奈西摩斯，而欧弗洛尼奥斯则以陶工的身份在上面留有签名。在杯子内壁，中部是涅俄普托勒摩斯（阿喀琉斯之子）攻击普里阿摩斯国王及其靠着宙斯祭坛的家人的场景；在另一个区域，则是劫掠特洛伊的其他场景。杯子大约诞生于公元前500—前490年，高20.5厘米，杯口直径46.5厘米。切尔韦泰里，考古博物馆。

且陶杯也只有一半的原始基座保存了下来，但这条铭文的主旨并不难理解："这只陶杯是由（佚名）献给赫克利的礼物。"

"赫克利"是伊特鲁里亚人对赫拉克勒斯（罗马人称之为赫丘利）的称呼，他既是英雄又是神祇，在整个地中海地区都很受尊敬。拉丁语史料里提到，献给赫拉克勒斯的一口圣泉就位于切尔韦泰里。而在献词中使用的伊特鲁里亚手稿的精确变体，也被认为具有切尔韦泰里的特色。威廉姆斯并未提到这些联系；陶杯的接受史不在他的讨论范围之内，而且雅克·欧尔贡和其他伊特鲁里亚学专家也已经指出了铭文的含义。但是，当威廉姆斯文章的手稿还在印刷时，有人给他看了一些照片。这些照片表明，市场上已经出现了更多的杯子残片，于是他把这一情况记录在了他作品的"附录"和"后记"中。这些残片的重要性显而易见。基利克斯陶杯曾在古代被破坏又得到修复，它来自切尔韦泰里，出土时，已经有所破损。

1993年，在切尔韦泰里圣安东尼奥区域的格雷佩·圣安杰洛的高地上进行了一场发掘活动。本书作者参加了这场发掘，现在还记得每天傍晚离开现场，等次日早上返回之后却发现有人在夜里秘密来过的那种沮丧感。很难说有多少文物被盗走。不速之客最喜欢玩的把戏是把香烟盒埋起来，让我们找。但至少两座相邻神庙的建筑结构被揭开了。而一种崇拜赫拉克勒斯的狂热仪式痕迹（一根小铜棒）的发现，足以使当地人更加确信盖蒂博物馆的大陶杯曾在附近用于献祭。我们团队中的玛丽亚·安东尼耶塔·里佐，也是当时切尔韦泰里一带的考古负责人。1997年在维泰博举行的一次国际会议上,她对基利克斯陶杯的来历提出了置疑,而自1986年以来一直担任盖蒂博物馆文物部门总监的马里昂·特鲁当时恰好也在场。显然,在考古现场理解古代文物的学术理想,强化了收回意大利遗失"文化遗产"的情感压力。值得赞扬的是,马里昂·特鲁当即做出了回应,他提出:如果意大利当局能提供有关基利克斯陶杯的确切来历信息,可以将其归还。后来,意大利政府准备好了证据材料,终于在1999年2月迎回了陶杯。

早在1972年,萨尔珀冬陶瓶就被贴上了"价值百万美元陶瓶"的标签。从价格上看,它的名气后来被不止一个古希腊陶瓶盖过。1990年在苏富比的一场拍卖会上,纽约收藏家谢尔比·怀特和莱昂·列维以176万美元拍得了欧弗洛尼奥斯描绘赫拉克勒斯和基科诺斯的陶瓶残片。这些残片原属于亨特兄弟所有。而在同一场竞拍中,欧弗洛尼奥斯绘有狩猎的萨尔珀冬的基利克斯陶杯也以74.2万美元售出,而买主正是贾科莫·美第奇,他面带灿烂的微笑,战胜竞争对手(罗宾·赛姆斯,当时大都会艺术博物馆的代表),重新获得了这只陶杯,这是他曾以低得多的价格卖给罗伯特·赫克特的东西。要么是出于对欧弗洛尼奥斯的喜爱,他想收回它,要么(更有可能的是)他预感到这只陶杯还将继续升值。

也许美第奇意识到,非法盗掘的时代即将结束,他在这一行里所扮演的角色也很快就会消失。文化遗产保护局*是宪兵部队的

---

* 即 Tutela del Patrimonio Culturale,简称TPC,致力于保护意大利的文化遗产;成立于1969年,并于1992年被授予更广泛的权力。

一个特别单位,专门负责逮捕和起诉所有涉及非法贩运艺术品和文物的人,现在已经发展成了一个强有力的组织。意大利以外的收藏家和博物馆工作人员也在其关注之列。1995年夏天,美第奇在日内瓦自由港的住所受到搜查,他被迫提供了关于过去发生过的各种交易的新证据(在行动过程中,一名瑞士警察在一个堪比法国著名糊涂大侦探克鲁索经历的场景中,成功找到了基利克斯陶杯)。再加上在突袭赫克特的巴黎公寓时缴获的材料,提起刑事诉讼已经有了充足的证据。美第奇在2003年受审;赫克特和特鲁则在2005年受到起诉。尽管他们可以被单独审判,但是,他们三人却被当作共谋一同起诉了。

托马斯·霍文离开大都会艺术博物馆后,菲利佩·德·蒙特贝洛接替了他的职位。罗马的法律程序在进行中出现了各种上诉和拖延。当时,赫克特和美第奇已经分别超过和接近了意大利的限制收监年龄线。而针对在2005年就辞去盖蒂博物馆职务的马里昂·特鲁的起诉,最终也被取消——尽管各种证据都证明,萨尔珀冬陶瓶确实掠自切尔韦泰里大墓地的圣安杰洛墓穴。至于纽约博物馆最近获得的另外一些藏品,如来自西西里摩根蒂纳的一套希腊化时代的银器,意大利当局也搜集到了同样无可辩驳的非法来历证据。蒙特贝洛抓住机会主动出击,于2005年底向意大利政府提出了一项建议。从国际法的角度来看,大都会艺术博物馆是否有义务放弃这些令人不快的藏品仍未可知,所以蒙特贝洛建议"庭外和解",这可能对双方都有利。在承认"过去在收购过程中存在不当之处"后——尽管大都会艺术博物馆仍然坚称，他们是"出于善意"才购买的文物——大都会艺术博物馆放弃了欧弗洛尼奥斯创作的陶瓶、来自摩根蒂纳的银器，以及1972—1999年购买的另外5件古希腊彩陶的所有权。而在意大利方面，曾任朱利亚别墅博物馆总监和20世纪80年代切尔韦泰里考古发掘主管的朱塞佩·普罗耶蒂，则代表意大利文化部，同意未来向大都会艺术博物馆出借具有同等美学价值和重要性的艺术品，作为对其归还文物行为的补偿。找到"解决复杂问题的合适方法"后，蒙特贝洛扬扬得意地向大都会艺术博物馆的参观者（和理事）保证，博物馆的藏品实际上并未减少。相反，原本只能在意大利本国展出的文物精品，也将有机会来到纽约，参加一系列展览。

根据这项协议的一项附加条款，萨尔珀冬陶瓶被允许延长其在大都会艺术博物馆的逗留时间，因为有新的希腊罗马展览馆的落成典礼需要它。2008年1月，这只陶瓶像凯旋的将军一样回到了罗马（图7），并与其他回到意大利的出土文物一起，马上在总统府奎里纳莱宫进行了展出：展览的主题"回家"（Nostoi）源于希腊语。随后，陶瓶被送到位于罗马朱利亚别墅的伊特鲁里亚国家博物馆永久陈列。

起初人们是这么以为的。可在2014年12月，萨尔珀冬陶瓶连同从盖蒂博物馆收回的基利克斯陶杯一起，却被租借给了切尔韦泰里考古博物馆。这个博物馆成立于1967年，收藏了一些本地文物，其前身是帕布利卡美术馆，建筑结构令人想起中世纪的地牢。

如果朱利亚别墅博物馆的管理者还指望陶瓶会被还回去，那他们就要失望了。2015年11月，意大利文化部部长达里奥·弗兰切斯基尼宣布，按照政府将艺术品分布到原产地并将旅游业扩展到边远城市和地区的战略，萨尔珀冬陶瓶和欧弗洛尼奥斯作为陶工签名的基利克斯陶杯，将会留在切尔韦泰里。因此，这只"价值百万美元的陶瓶"在经历了所有的现代冒险之后，现在被安置到了距离伊特鲁里亚墓地——也就是它的最后一位古代主人曾打算让它永远长眠的那个地方——大约有八百米的一个玻璃柜中。

图7：2008年1月，罗马，萨尔珀冬陶瓶"回家"。

2

* * * * * *

欧弗洛尼奥斯与"先锋派"

"杰作"的诞生：艺术家及其同侪的肖像

首批有欧弗洛尼奥斯签名的陶瓶,以及一只明显在指涉他的陶瓶,最早是1828年或之后不久在伊特鲁里亚的武尔奇遗址被发现的。武尔奇位于现在的拉齐奥大区,在罗马以北约80千米处,这里曾是伊特鲁里亚的中心城市之一。公元前500年前后(在罗马人一个接一个地征服伊特鲁里亚的城市之前)是武尔奇的全盛时期,从日后规模庞大的出土墓葬品来看,它当时与广阔的地中海地区有着密切的联系。但被罗马人占领后,这一地区日趋衰落、人口锐减。在19世纪初期成为拿破仑的兄弟吕西安·波拿巴的殖民地前,这里还曾是教皇国的贫瘠农业区。当吕西安的农夫们发现脚下的土壤正在塌陷时,人们才第一次注意到地下的古墓。过去有考古经验的吕西安——他在意大利的其他财产还包括图斯库罗姆的西塞罗别墅遗迹——煽动了对这些古墓的发掘。"劫掠一空"可能恰如其分地描述了在武尔奇发生的事情。墓中的文物数量惊人,希腊彩陶在其中所占比例之大更是前所未见。

随着成百上千只类似的陶器出土,古物学家开始研究这一历史过程的各个方面,即这些具有明显希腊风格——例如,描绘荷马史诗的情节、奥林匹斯诸神的肖像,以及清楚无误地用希腊文写就的铭文——图像的陶器,如何会被放到伊特鲁利亚的古墓里。吕西安亲王坚定地宣称,这些工艺属于本地风格。博学的观察家则更为谨慎。爱德华·格哈德就是其中之一,他是罗马一个考古学会*的创始人,在武尔奇的考古成果流散之前,他努力为其编制了

---

* 即创立于1829年的考古研究所,后来改名为德意志考古研究所。

欧弗洛尼奥斯与"先锋派" 35

名录。格哈德认为,武尔奇一定存在过某种类型的希腊殖民地,再说具体点就是雅典人的殖民地。所以,现代学术界首次提到欧弗洛尼奥斯时才称其为"武尔奇的陶工"。在武尔奇,格哈德已经注意到两只带有欧弗洛尼奥斯签名的陶瓶,不久之后,他又在维泰博地区的博马索找到了第三只(现已遗失)。

尽管有欧弗洛尼奥斯创作的"价值百万美元的陶瓶"引发的连连丑事为鉴,可颇值一提的是,19世纪30年代中期,吕西安·波拿巴因为急需现金,开始在巴黎拍卖他的藏品——欧弗洛尼奥斯创作的一只基利克斯陶杯,也就是上面画有赫拉克勒斯抢了吉里昂牛的那一只,最低报价达到8000法郎,在当时已经相当高了。这只陶杯当时没有按这个价格卖掉,不过后来被巴伐利亚国王路德维希一世收购了,现在收藏于慕尼黑州立文物博物馆(图8)。

今天,没有人相信欧弗洛尼奥斯是伊特鲁里亚人,或者是一个来到伊特鲁里亚并在此定居的移民(虽然早在公元前7世纪中期,某些希腊工匠可能确实这么做过)。而欧弗洛尼奥斯作为艺术家的身份在学术界得到认可,花了数十年时间。此外,在武尔奇、切尔韦泰里和塔奎尼亚也发现了一些带有欧弗洛尼奥斯名字的作品。其中9个陶瓶还为威廉·克莱因提交给维也纳大学的一篇论文的写作奠定了基础。这篇论文在1879年首次发表,于1886年修订。克莱因试图从风格上分析红绘彩陶技术的论文,被(牛津大学的珀西·加德纳)誉为第一份"对陶瓶的科学研究"。然而,该论文未能令人信服地将欧弗洛尼奥斯定义为大师级艺术家。克

图8：基利克斯陶杯上的绘画，（杯底）有欧弗洛尼奥斯的签名，1830年，来自武尔奇。杯内的骑士旁刻有"少年莱阿格罗斯"字样（见P87）。"B型"，高15.9厘米。慕尼黑，州立文物博物馆，编号8704。

莱因的竞争对手、学者阿道夫·福特文格勒——曾给柏林收藏的古希腊陶瓶制作过一份说明性目录，并由此培养出对不同画家风格的鉴别能力——严厉批评了克莱因沉溺于"欧弗洛尼奥斯幻想"的行为。相比之下，福特文格勒倒是在没有作者签名的情况下，能够令人信服地证明阿雷佐一个至少从18世纪早期就已为人所知的巨型陶瓶（图9），可以算作欧弗洛尼奥斯的作品。

1882年，在雅典卫城帕特农神庙附近的一次考古发掘出土了大量陶器残片，这些显然是雅典在公元前480年被波斯占领之前举办的各种节日和祭祀活动所使用的的陶器，包括欧弗洛尼奥斯创作的一只画着游行场景、十分华美的"游行杯"（图10），证实了欧弗洛尼奥斯（以及其他后古风时期的陶瓶画师）在雅典的工作资历。这些残片或者是在波斯人占领期间遭到破坏之后被掩埋的，或者是在波斯人入侵之前就被掩埋的，其中还包括大量的雕塑和神庙雕塑的残片——如此构成了一幅视觉上可明确定义的"城市图像"，从中可以找到我们的艺术家的位置。

福特文格勒对阿雷佐陶瓶作者身份的分析（对作者的身份做了富有说服力的分析），预示着一种研究古希腊陶瓶的新方法。克莱因等人对艺术家的签名表现出了兴趣；不过，一般说来，人们的兴趣还是主要集中在陶瓶的图像上。19世纪后半叶出现了一门更着重于确定图像作者的学科。为了确定意大利文艺复兴时期画作的真伪，意大利学者乔瓦尼·莫雷利提出了一种"科学鉴赏法"。基本上，这项技术需要在鉴别图像的创作者时，少关注画作的整体效果，多分析蕴含在画作附属细节中的线索。莫雷利（他曾是一名解剖学家）就对身体次要部位的绘制更感兴趣，例如耳垂和手指甲。他认为，艺术家会自然地倾向于用粗略甚至是不假思索的方式来表现人物不显眼的部分，或者至少是相对于人物的外貌和性格等主要部分而言，在这些次要部位倾注更多的无意识行为。西格蒙德·弗洛伊德注意到，莫雷利的方法与他的精神分析学在方法论上有一定相似性；历史学家也喜欢将自己的研究与因小说中的侦探（尤其是夏洛克·福尔摩斯）而闻名的那种微观观察联系起来。福特文格勒注意到，欧弗洛尼奥斯是一位擅长处理细节的艺术家。另一位来自德国的学者保罗·哈特维希，则为我们展示了如何通过对细节的仔细观察确定佚名古希腊陶瓶的作者。然而将"莫雷利式"分析法扩展到古代陶瓶彩绘领域的，仍应归功于比兹利。尽管比兹利没能活着看到萨尔珀冬陶瓶，但他与这一陶瓶的现代故事有着不可分割的关联（见P9）。比兹利还在牛津大学读本科时就开始了对古希腊陶瓶的研究，并于1910年公布了他的首份作者鉴定清单。他了解莫雷利的鉴定技术，并最终在意大利早期大师绘画作品的鉴定领域，遇到了莫雷利的著名弟子伯纳德·贝伦森。"不管艺术家的身份有多么模糊，只要进行足够细致的检查，他都逃不过被学者发现的命运。"在莫雷利原则

图9：涡形陶瓶图，据说由欧弗洛尼奥斯所绘，描绘了赫拉克勒斯、忒拉蒙与亚马逊人的战斗场面。这只陶瓶见于托马斯·登普斯特所著的《埃特鲁里亚的礼物》（*De Etruria regali*，第一卷，图19，1723年）中。高59.5厘米。阿雷佐，考古博物馆，编号1465。

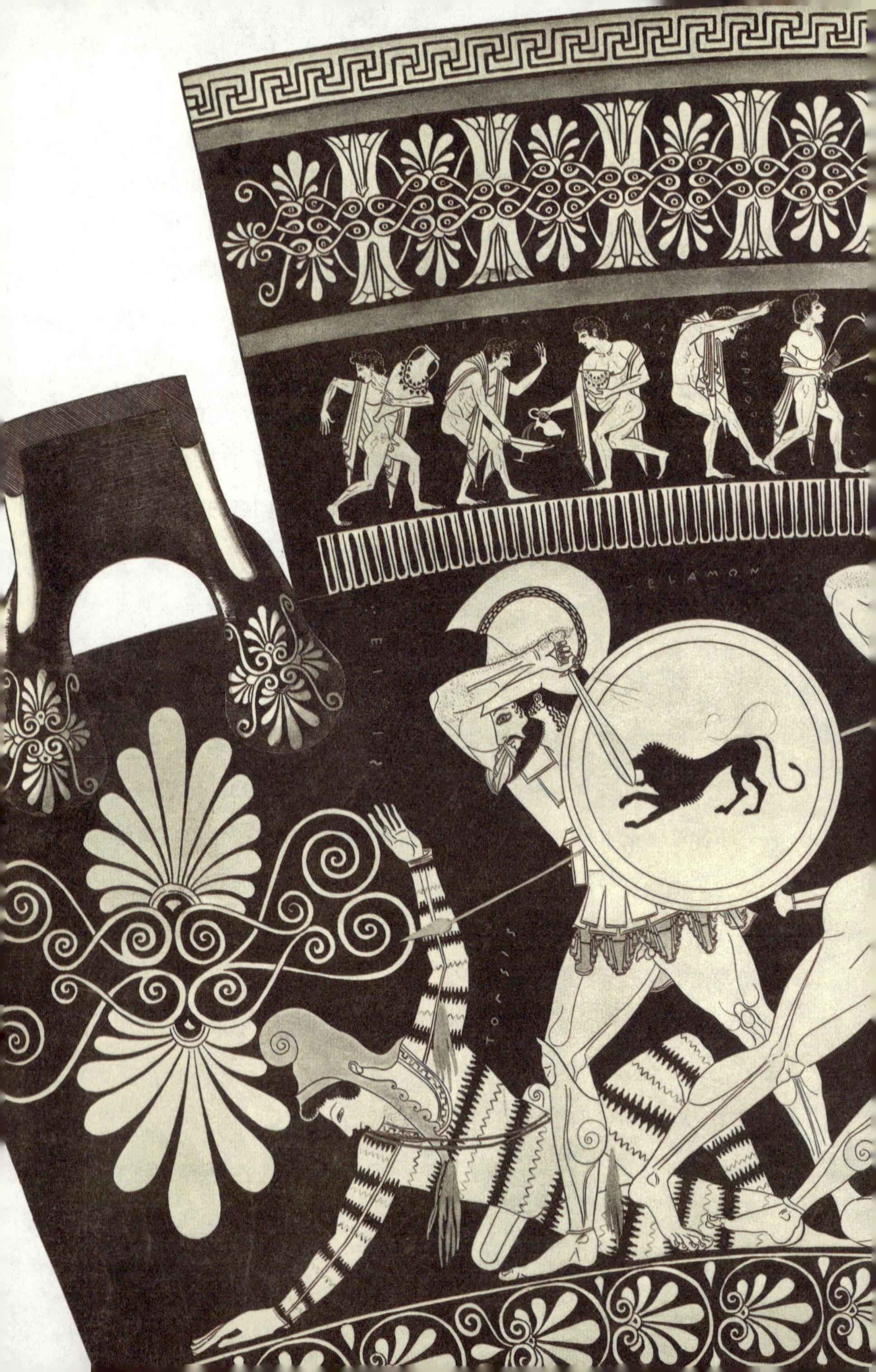

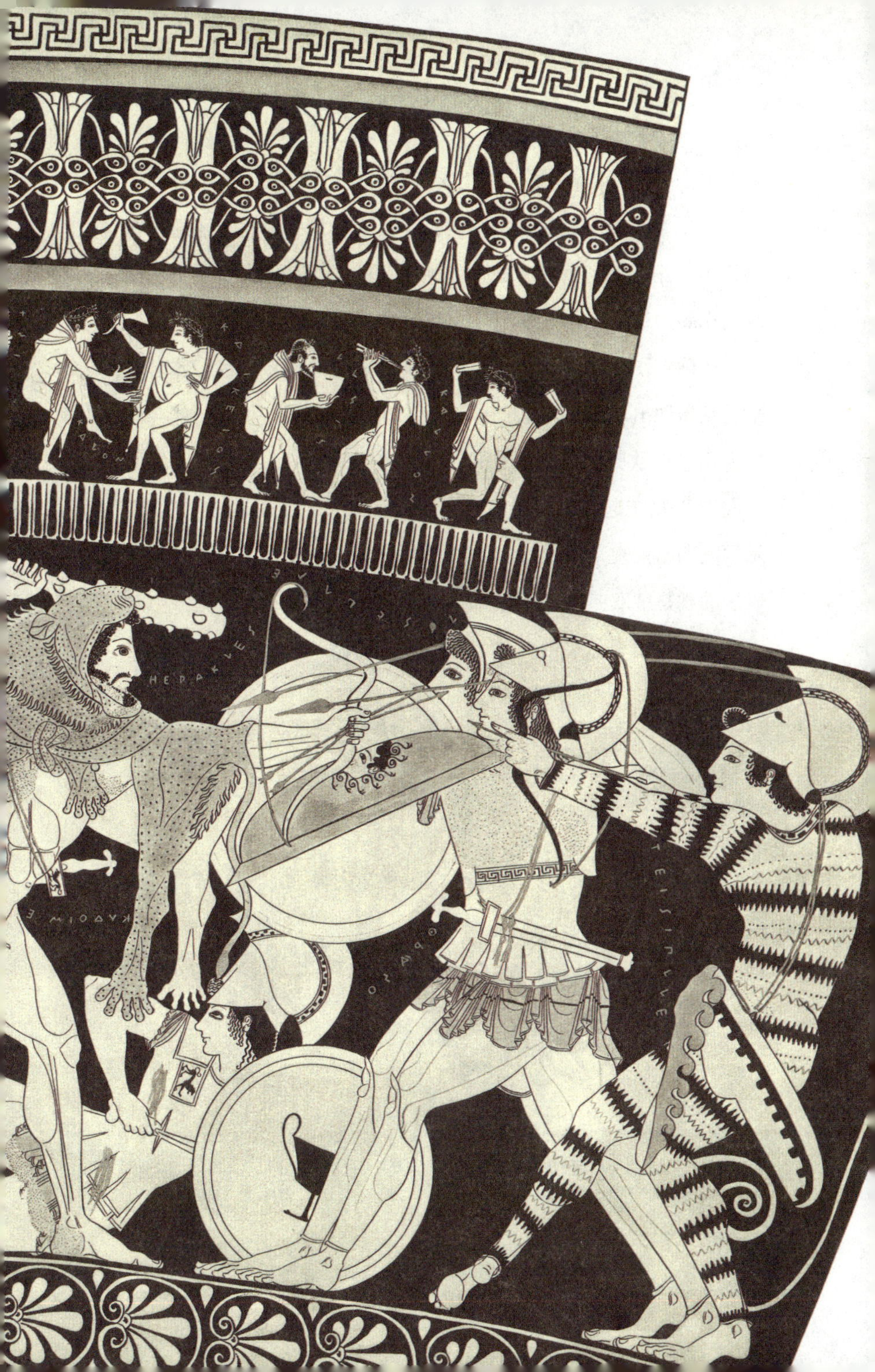

（图11）的基础上，比兹利又发展了他自己的方法。他不轻视照片，但更重视对陶瓶的直接观察；不仅亲自用手触摸，还通过在笔记本上用铅笔勾勒或者通过使用薄薄的描图纸贴在陶瓶上，来复制作品的细节（见图17）。

在确定图像作者的时候，风格是最重要的参考。尽管签名越来越频繁地出现在公元前570年之后的雅典陶瓶上，但这可能会误导人们。以欧弗洛尼奥斯为例，他的名字附带的两个不同动词使问题变得复杂起来。一个签名是"Euphronios Egraphsen"，这表示"欧弗洛尼奥斯所绘"；另一个签名是"Euphronios Epoiêsen"，表示的则是"欧弗洛尼奥斯所制"。这些动词分别表示：另一个陶工烧制了容器，然后欧弗洛尼奥斯在上面做了装饰；或者是欧弗

图10：雅典卫城的基利克斯陶杯残片，在最初公布时，作者被认定为欧弗洛尼奥斯（有他的部分签名）。婚礼上，珀琉斯牵着他的新娘忒提斯的手，穿过簇拥的奥林匹斯诸神。镀金黏土的痕迹是作者用来装饰珠宝和神器的。目前这个杯子已经被复原，直径44.5厘米。雅典，国家考古博物馆，编号15214。

洛尼奥斯烧制出了这件器皿，然后由别人在上面作画。我们在萨尔珀冬陶瓶上可以看到前一种情况：欧克西泰奥斯是陶工，欧弗洛尼奥斯是画师（众所周知，欧弗洛尼奥斯也曾在喀刻莱里昂制作的陶瓶上作画，这和萨尔珀冬陶瓶上的图像一道被视作其早期作品）。至于第二种情形，目前在切尔韦泰里博物馆的萨尔珀冬陶瓶旁边展出的基利克斯陶杯便是明证（见图6）：一件由欧弗洛尼奥斯转陶轮，然后由奥奈西摩斯绘制图画的作品，如果这就是"Epoiêsen"和"Egraphsen"所暗示的劳动分工的话。

雅典工匠很可能在这两方面都多才多艺。一个可能的假设是，欧弗洛尼奥斯在做了几十年画师后转向了制陶。他这么做可能是迫不得已，因为他的视力大不如前，无法再进行精密的绘画。一块来自雅典卫城的刻有铭文的大理石基座，记录了由名为欧弗洛尼奥斯的陶工做的一次祭献（可能是一座青铜像）：它似乎证实了我们的假设，因为祭祀者可能正是在向雅典娜祈求健康，尽管这份铭文的

图11：约1960年，意大利，工作中的比兹利（1885—1970）。

欧弗洛尼奥斯与"先锋派" 43

年代（约公元前475年）与这位艺术家的职业生涯转折点（约公元前500年）并不相符。*据估测，欧弗洛尼奥斯作为陶工一直活跃到公元前470年前后。与他合作的有画师奥奈西摩斯（也被认为是他的学生）以及被称为"安提丰"与"皮斯托克塞诺斯"的画师。

比兹利的画师谱系中有一种固有假设，即存在师徒之分。根据我们对古希腊工匠组织的了解，欧弗洛尼奥斯可能从少年时代起就在陶器作坊工作了，或许是为他父亲当帮手。如果他出生于大约公元前535年（比兹利的估计），可能在公元前520年就已经完成了属于自己的作品。风格的相似性表明，他曾师从第一代探索红绘人像技法的画师，或许是被称为"安多基德斯"的画师，也可能是普西亚克斯，但应该不是私人辅导。同一个作坊里可能有十几名雇员，共处一室、分工合作。事实上，成品往往是由个人作为画师签名的，这自然支持了我们的观点，即雅典的陶器作坊就像一所现代的艺术学校，为画师的创造性思维提供了表达的机会。比兹利生长在一个崇尚"艺术和技艺"的时代，他在反复出现的个性化风格标志中寻找着个性甚至天才的踪迹。因此，我们碰巧遇到了一个具有集体风格特征的"群体"，这个群体又有着许多不同的主角。比兹利将其称为"先锋派"，因为他们显然是为了一种在技术上颇为前卫的绘画模式才聚在一起的，尤其是在绘制人像方面（见P61）。他从这个群体中分辨出了十来个人；而

---

* IG I3 824；雅典，铭文博物馆，EM 6278。

在签名者中，最有名的是欧弗洛尼奥斯、欧西米德斯和芬提亚斯。可以想象，他们都受雇于一家小"工厂"，该工厂位于古代雅典西北部，名为凯拉美斯或凯拉墨斯，由此形成了一个陶工区，即凯拉米克斯。

比兹利在牛津大学后继者之一的马丁·罗伯逊，曾怀疑欧弗洛尼奥斯和欧西米德斯是兄弟。他们的名字如果翻译过来，分别代表着"理智"和"精神良好"，看起来很相似。而且，我们将会看到，在他们之间可能存在某种良性的竞争。罗伯逊也喜欢想象存在这样一个工坊：不同艺术家们共处一室，拥有固定的座位——"叙普西斯坐在欧西米德斯旁边"，"中间是芬提亚斯"，"斯米克罗斯则坐在欧弗洛尼奥斯身旁"。这些推测（出自一位温文尔雅的教师之口）充满了感性，却无法掩盖这群艺术家身份的不确定性，而这种不确定性又令人不安（值得一提的是，无论在书面作品还是在口头讲演中，罗伯逊在为一只陶瓶确定作者的时候，经常使用的一句话，都是"我感觉"）。

比兹利在为陶瓶确定作者的时候，使用了各式各样的术语来表示不同程度的怀疑，例如，"接近于""类似于""模仿于"，以及各种表示类似或影响的词汇，如"群体""亲缘""学派""圈子"。他声称这些术语不可互相替代，但又从未明确说明其中的细微差别，他说这样做太乏味了，而且，他承认其中涉及一定程度的直觉。因此，也有批评者认为他的整套方法是某种黑暗艺术，或者"社交游戏"。一些考古学家则说，这种方法只对艺术市场有用。由此还产生了一个被称为"桑德罗的朋友们综合征"的问题,这一名词暗指意大利文艺复兴时期的画家圈子,以及如何将(桑德罗)波提切利与他(假想中)的助手或"朋友们"的作品区分开这一著名难题。我们知道雅典的陶器作坊是集体劳动场所。如果几个人合作创作一只陶瓶,却又不仅要把"制陶"和"绘画"分开,还要把绘画再细分,结果会怎样呢?

任何翻阅比兹利为先锋派制作的陶瓶名录的人,除了会在起初感受到一种齐整的牛津大学式排列外,还会很快发现大量遗留问题和模糊的表述,或者(对比兹利很公平地)说,还有一定数量尚未完成的工作。克莱因和福特文格勒的研究已经证明,欧弗洛尼奥斯的作品并不总是很容易就能与他的同行区分开来,而且,这些同行也并不总是归属于某个人们认定的群体。以有欧弗洛尼奥斯签名的早期作品为例,专家们都承认,如果这些作品没有欧弗洛尼奥斯的签名,它们就会按照风格特征被归属到"非先锋派"画家奥尔托斯名下。比兹利将大量陶瓶都放到了一类题为"先锋派群体:杂项"的名目下,表明存在一些陶瓶归属的遗留问题:这些陶瓶属于先锋派的作品,但却不属于任何一位目前已知的画师(《美国博物馆中的阿提卡红绘陶瓶》,33)。换句话说,群体身份可能会遮蔽其中的个体成员。当画师叙普西斯名下只有两只陶瓶幸存至今的时候,我们有理由担心他在这个群体里是否还能待得下去。

当然,我们也面临这样一种危险的倾向,即把我们从现代了解到的艺术史模式强加给古代，在我们的描述中，2500年前的雅典先锋派就好像是当时的"前拉斐尔派""维纳·韦克斯塔特"或者"野兽派"。本书作者并不否认存在某位叫欧弗洛尼奥斯的人，无论他的创作方法和作品显得多不起眼，他都展示出了我们所能想象的所有"伟大艺术家"都拥有的高超技术、丰富想象力和宏大视野。关于他的全部作品，一个次要的问题是：这位欧弗洛尼奥斯与其他先锋派，尤其是与那位名叫"斯米克罗斯"的画师有多大区别。这个名字是用引号标注的，因为它听起来很像一个绰号，翻译过来就是"小的""小巧的""小矮人"。在古代雅典，这是一个常见的绰号，但它真的是指另一位画师吗？因为欧弗洛尼奥斯和"斯米克罗斯"的作品风格明显很相似，所以后者应被归为一位不称职的模仿者还是一位谨慎的学徒，则存在判断上的差异。*

只要看一眼被认为出自"斯米克罗斯"之手的陶瓶，就会发现作者身份鉴定的困境（图12）。这幅画的作者展示了先锋派的"内幕"：在几个同性求爱的场景中，其中之一描绘了一个名为"欧弗洛尼奥斯"的人向一个神情紧张的小伙子求爱，旁边写着"美丽的莱阿格罗斯"（见P87）。瓶子四周的画面有漫画的特征，一名运动员用刮身板挠背，似乎是在公然模仿"新式画"，而正是

---

* 这样一个"拙劣的模仿者"[比兹利：《阿提卡红绘陶瓶画师》（图宾根，1925），62]；或"严谨的模仿者"（Denoyelle in Denoyelle ed. 1992, 11）。比兹利在知道柏林有一个手柄弯曲的双耳瓶（编号1966.19）之前，就已经表达了他对模仿者的蔑视。这只拥有"斯米克罗斯绘"字样的双耳瓶，风格与欧弗洛尼奥斯的作品十分接近，有人因此认为是欧弗洛尼奥斯画了陶瓶，然后让斯米克罗斯在上面签了名（一个有点儿奇怪的现象）。

图12：画有各种运动场景的凉钵，作者据说为斯米克罗斯。一个年龄稍大的男孩走近另一个小男孩安德利斯科斯；在他们右边，运动员安布罗西奥斯一边用右手比划，一边用左手"按摩"。高33厘米。马里布，保罗·盖蒂博物馆，编号82.AE.53。

这种"新式画"为这些先锋派赢得了在现代社会的名望。这是某种玩笑吗？

答案是"很有可能，没错"。如果是这样，我们将如何理解这一切呢？这只陶瓶被归到"斯米克罗斯"名下，因为它虽然表现出"欧弗洛尼奥斯式"的特征，但却缺乏与欧弗洛尼奥斯相关的解剖式的审视以及对细节的全面关注。然而，欧弗洛尼奥斯在创作的时候是否处在一种漫不经心的状态，并怀揣着一种在当时的社会看来十分荒唐的想法，即身为工匠的他可以向一名像莱阿格罗斯——处于较高的社会地位，很可能是他的雇主——这样的贵族示爱。因为这只陶瓶很可能是为雅典人的会饮服务的，这样的轻浮并无不妥之处。同时，如果它作为一种"定制产品"注定要被出口到遥远的伊特鲁里亚，那么，这些野蛮人还会在乎这些吗？

关于这个问题，久伊·海德林提出了一个复杂的解释。他以为欧弗洛尼奥斯把"斯米克罗斯"当作其在艺术上的另一个自我。"斯米克罗斯"可能很谨慎，也可能很粗心，但无论如何，"斯米克罗斯"都只是一名画师的绰号。在这一绰号下，画师享受着自我意识在匿名状态下的诗意放纵。一个更可能的解释是，"斯米克罗斯"是身材矮小的欧弗洛尼奥斯的昵称，他偶尔也用这个昵称（就像保罗·高更有时会用"佩戈"来代替他的本名）。不过，这或许并不重要。无论如何，就我们的论证目的而言，我们认为至少有一只陶瓶是"斯米克罗斯"创作的，而且还带有典型的（或者是衍生的）欧弗洛尼奥斯风格（见图19和图20）。重要的是，当欧弗洛尼奥斯描绘躺在会饮卧榻上一个名叫"斯米克罗斯"的人时，这个人像仿佛集中了所有英俊男子的特点（见图3）：这很可能是一幅（自我夸耀的）自画像？

欧弗洛尼奥斯是为数不多被授予国际"个人展"殊荣的古希腊陶瓶画师之一（约1990年）。他的作品曾在巴黎、柏林和阿雷佐展出，展览名录各不相同——这是了解画师风格的宝贵资源（经比兹利鉴定的作品有一份清单，后来，该清单由于一个以他命名的线上档案库的建立得以扩大，但由于没有插图，令人望而生畏）。在这些名录中，这种风格的显著特征被归纳为两个主题：第一，图像绘制技术的各个层面；第二，人体解剖学的表现方式。作为风格的体现，后一种分类看起来很奇怪——但它已成为一种希腊艺术研究的传统，尤其是在研究希腊艺术（例如青年雕像类型的发展）从"古风时期"向"古典时期"的转变时——正如我们将看到的那样，人们有理由相信，在当时的雅典，自然主义的精确性是艺术是否取得成功的判断标准。

通过师从普西亚克斯，欧弗洛尼奥斯掌握了用"既有"的红绘人像方法在陶瓶上作画。他会先用黑色勾勒出背景，然后再用精细的画笔和稀释的黑釉来完善"内层"细节。在一件作者的早期作品（基利克斯陶杯）上，画师为了保留铭文煞费苦心，而未在事后再用红色或紫色颜料来添加（常用的方式）。到公元前6世纪20年代，黑绘人像技术，即在浅黄色的陶土背景上画出黑色的人物轮廓，然后再用一种手写笔丰富人物细节的方法，基本上已经失宠。然而雅典的某些作坊仍在沿用这种技术，一些陶瓶也由这种技术制成，例如在雅典娜竞技会中颁发的双耳陶瓶奖品：欧弗洛尼奥斯很可能为其中的一部分做了装饰。*他了解镀金技术（见图10），在白色的背景上，他曾留下一些描绘半边轮廓的精致范例。也许得益于他兼具陶工和画师的身份，他还使用了一种橙红色的抛光技术，这被称为"珊瑚红"或"蓄意红"。

红绘人像的创作过程通常被称为"着色"。但实际上，它更像素描或版画，基本上是线性的，几乎没有色调的层次，只使用非常有限几种颜色的"颜料"（一种近于深褐色的黑色釉，有时界线"整齐"，有时渐次变淡；很少使用淡红色或紫色颜料；偶尔也会加入白色）。对于像萨尔珀冬陶瓶这样的器皿，欧弗洛尼奥斯会先（用一支细画笔）描出人物的轮廓，然后，沿着轮廓在"内部"空间自然地画下去。例如，萨尔珀冬最令人叫绝的"髂嵴"——大腿上部肌肉隆起，并延伸到腹股沟——轮廓的线条就很顺畅地过渡到了内部的细节。仔细观察萨尔珀冬陶瓶的人都会注意到，在萨尔珀冬腹部肌肉的隔层里，欧弗洛尼奥斯增加了一些非常不显眼的阴影，给他的英雄增添了一些"块头"。但是，大部分艺术家主要还是依赖线条。

依赖线条似乎很简单，甚至很容易，就像马蒂斯成熟时期的

---

* 雅典卫城只有一块残片可以归到欧弗洛尼奥斯名下：雅典，国家博物馆，编号 Akr. 931。

图 13：花萼状陶瓶侧面图，约公元前 515 年，来自切尔韦泰里，上有欧弗洛尼奥斯的签名。陶瓶另一面画的是一个显然与此面无关的音乐比赛场景。高 44.8 厘米。巴黎，卢浮宫，编号 G103。

欧弗洛尼奥斯与"先锋派" 53

绘画风格，然而这需要非常可靠的手段。失误不易修正，也禁不住反复观看。与其他红绘陶器画师一样，欧弗洛尼奥斯在陶土完全干透之前，会用类似削尖木炭的东西，在陶瓶表面画出构想的基本图案。再往后，就几乎没有犯错的余地了。我们所称的"附属装饰"——通常是为图案场景镶框或镶边的装饰——可以交给年轻的助手。欧弗洛尼奥斯经常使用各种涡形棕叶饰，在他的早期作品中，这种装饰也可能占据独立的空间（例如基利克斯陶杯的内部）。莲花蓓蕾也有出现。可以说，我们应该更多地关注这些图案，比如它们是如何完善陶瓶构造的，以及它们是如何适用于容器本身的功能的。在一个混酒碗的碗边下面，就可以看到经过精心设计的环状葡萄叶花环（见图1）。我们当然也应该关注人像风格，这主要源于人像绘画历来就被视作体现个人艺术风格的主要途径。

在这方面，也许应该进一步说明来自陶瓶画的现代素描画的正当性，特别是卡尔·赖希霍尔德在20世纪初创作的那些作品。从某种意义上来说，这些作品都失真了，它们实际上都将曲面平面化了。但是，由于不翻转滚动或者环视就无法拍摄或欣赏一只陶瓶，妥协似乎是必要的——而赖希霍尔德对原始细节的忠实程度不亚于任何绘图员。正是由于他在卢浮宫中"展开"了一个陶瓶的一侧，我们才能掌握欧弗洛尼奥斯特有的构图方法（图13）。只从自然视角观察陶瓶是不够的。

典型的是，就这样一个相对狭小的空间而言，其所表现的主题显得雄心勃勃。画中，杰出的希腊英雄赫拉克勒斯正与凶残的利比亚巨人安泰俄斯对峙。旁边围观的女性有助于我们看清搏斗者的体形有多巨大，他们紧紧扭打在一起。赫拉克勒斯正在寻找借力，以便能把安泰俄斯从地面托起，从而使这个巨人无法从其大地母亲那里获得力量（如果这是欧弗洛尼奥斯打算讲述的故事的话）。两位敌对者的头部在画面中央构成一个三角形的顶点。他们身上的肌肉条纹表明，两个摔跤手都是"肌肉男"。但是安泰俄斯的姿势是扭曲的，他的右腿弯成了两段，一只脚出现在他的后背部，而赫拉克勒斯稳稳地蹲着，用一个复杂的锁臂，手指掐进对手的肉里。他们的脸部紧紧地贴在一起，很能说明问题：利

图14：花萼状陶瓶（同图13）的画面细部：赫拉克勒斯与安泰俄斯。

欧弗洛尼奥斯与"先锋派"

比亚巨人皱着眉，歪着头，眼球转动，嘴唇分开，舌头伸出，即将失去知觉，与赫拉克勒斯的坚定沉着形成鲜明的对比。两个大块头的注意力被两位"女侍者"分散了——她们在以手示意搏斗开始的同时就迅速跳开了。她们的动作、情感是由衣服的褶皱来表现的，虽然有些地方略显扭曲，但她们至关重要的镜像对称也使画面的构图更简洁了。艺术家在水平位置加上了他的铭文签章：欧弗洛尼奥斯所绘。

安泰俄斯的头发和胡子简单洗过，又故意弄乱。相比之下，赫拉克勒斯则留有一团整齐的卷发，欧弗洛尼奥斯在这里用了另一种艺术手法：用白点或黏土上的小凸点来显示体积或葡萄串上的亮点。同样的细节还显示出他画风的另一个特点。与其他古风时代晚期的画家一样，欧弗洛尼奥斯乐于从侧面表现一只眼睛，就像眼睛是正面朝前的一样。然而他对睫毛的处理与众不同。并非他画的所有人像都有睫毛——但英雄和神祇似乎尤其受青睐，其中当然包括萨尔珀冬（见图78）。（有趣的是，"斯米克罗斯"只给盖蒂博物馆所藏的其中一个陶瓶上的人像画了睫毛：珍贵的莱阿格罗斯。）

讲法语的学者们在描述欧弗洛尼奥斯对男性肌肉结构的某些表现方式时，曾使用"écorché"一词。这个词的字面意思是"剥皮"；在西方艺术传统中，它使人想起通过直接解剖尸体来进行的绘画练习（列奥纳多·达·芬奇的做法），或者在绘画练习时，使用由蜡或其他材料制成的三维模型（更常见的做法）。卢浮宫馆长弗朗索瓦·维拉尔分析过卢浮宫内一只双耳瓶的碎片，这只瓶子一面画着一个掷标枪者，另一面画着一个掷铁饼者。他想知道欧弗洛尼奥斯是否研究过解剖学，是否像达·芬奇那样，通过仔细观察解剖尸体来练习绘画。*维拉尔根据欧弗洛尼奥斯创作的人像推测，他可能发现了所谓的腹白线，即腹肌之间的垂直纤维结缔组织，这种组织会一直延伸到耻骨区域，而这只能通过解剖了解。事实上，完整的腹白线在年久色变严重的身体上（包括孕妇）很容易看到，因此，没有必要想象（历史上也不太可能）古代陶瓶画师曾亲自解剖尸体。尽管如此，关键仍然是欧弗洛尼奥斯怀有一种"对其人体解剖学的骄傲和自满"，致使他甚至在画一个穿着护胫甲（用来覆盖和保护小腿的盔甲）的人像（如萨尔珀冬）时，也会有意表现小腿后的肌肉。

欧弗洛尼奥斯没有亲自做过解剖，但他肯定观察过。他能多直接地观察人体，是我们马上要讨论的问题。无论如何，这位艺术家似乎对自己的观察结果很得意，他有时甚至会忘记将人类形象"自然地"呈现出来的必要性。因此，尽管萨尔珀冬的小腿被护胫甲包裹着，但却同时露出了正面和侧面——前膝和胫骨，还有侧面的腓骨肌（在护胫甲内）。类似的特殊标志也出现在有"斯米克罗斯"签名的慕尼黑陶瓶（见图3）的人像手臂上，画师在这幅画中描绘了与正常解剖学中完全不同的前臂肌肉。这可以理解为画师将侧视

---

* Inv. Cp 11071：见维拉尔，1953。

角和正视角搞混了。事实上,如果没有模特为欧弗洛尼奥斯摆出固定的姿势(这很有可能),就很容易发生这样的情况。

如果说欧弗洛尼奥斯不了解女人的身体结构,必然是要闹笑话的(正如社会现实中一种偶然现象:如果艺术家已成婚,在希腊房屋那种男女隔离的空间结构中,他可能不会经常看到妻子赤身裸体的样子)。裸露上身的女人再次折中了侧面和正面的视角,至少在乳房上是这样(见图23)。但在其他方面,欧弗洛尼奥斯成熟的作品所表现出的线条细节,同样适用于男人和女人、少年和成年、神祇和凡人、英雄和怪物。

读者可能想知道,在这里是否存在一种固定不变的解剖学习惯,可以帮我们识别艺术家的身份。毕竟,这是莫雷利鉴别法的基础。但遗憾的是,没有任何线索或者身体部位能印证这种习惯,就连耳朵也是如此。在欧弗洛尼奥斯签名的所有作品中,人物的耳朵在形状或画法上几乎也都完全不同。确实有一些反复出现的特征,例如锁骨上有钩、肱二头肌上有月状曲线、足踝上有三个短的划痕、趾甲上有三角形等,但它们中任何一个都不能确保作者就是欧弗洛尼奥斯。因此,正如比兹利或多或少也承认的那样,确定作者归属最终需要一定程度的主观判断。而这种判断的一个重要依据,就是对作品整体构图和主题的敏感。无论细节如何,欧弗洛尼奥斯都发现了一种风格和构图模式,使他能够表现宏大的戏剧和史诗主题。这些主题适合大型绘画,但如果呈现在陶瓶上,就需要娴熟的技巧和对故事的提炼。与此同时,他既不能完全不受集体作坊中日常"玩笑"和微不足道的竞争的影响（或许还有一些兄弟之间的竞争）；也不能对关于他直接客户的流言漠不关心，他们中的一些人可能还是当时制造流言的名人。最后，欧弗洛尼奥斯的经历仍然无法复原。但他的个人形象并非完全无迹可寻。

先锋派艺术家都受过教育，有一定的文化素养，但他们在签名时的拼写并不稳定（Phintias可能会被写成 Philtias、Phitias 或 Phintis）。一些画家有时会在瓶子上写一些毫无意义的希腊文，这对一些学者来说是某种标志，表明这些雅典艺术家知道他们的作品在海外有一些不懂希腊文的客户。就算欧弗洛尼奥斯和其他艺术家没有正式上过学，那么，他们也一定学过相当程度的神话知识，熟悉史诗和抒情诗的主题。他们并不畏惧刻画神话中的暴力场面，而在舞台上，这些场面可能会被移交给一些信使来做口述——例如，忒修斯刺杀了人身牛头怪（米诺陶），或者谋杀了埃癸斯托斯。但在很久以前，雅典的陶瓶画家就已经证明，他们的创作融入了这样的神话主题：比如最早签上自己名字的黑绘陶瓶艺术家索菲洛斯，或唱者"弗朗索瓦陶瓶"的创作者克雷提亚斯和埃戈迪莫斯（见图30）。那么，"先锋派"究竟先锋在哪里呢？比兹利的答案总结起来就是"新式素描"。*或者，人们也可以将

---

* 比兹利的分类标志出现在他的《波兰的古希腊陶瓶》（Greek Vases in Poland，1928）中，他还将欧西米德斯创作的一只双耳瓶上的两个人像描述为"学习先锋派运动"：一位正在倒酒的少年，一位正在兴高采烈吹笛子的萨提尔，都以四分之三视角来呈现。

先锋派艺术家与公元前5世纪晚期其他雅典陶器作坊的作品进行对比，以黑绘陶瓶的"无叶群体"为例，这些作品不断重复，没有铭文和任何具有冒险精神的人像，简直是商业化的渣滓。*然而，在我们试图定义现代考古学家所认为的先锋派的创新性之前，先来看两则著名的古代典故可能会更好。

亚里士多德活跃的年代要比雅典的先锋派晚两个世纪，但可能是他在雅典吕克昂学园授课的部分文字记录，为我们提供了一个理解先锋派的新视角："我们在仔细观看客观上会让人感到不适的事物的精确画像时——例如巨型野兽或死者的尸体，会产生愉悦感。"（《诗学》，1448b）这一论断对当前的研究具有明显的意义，因为萨尔珀冬陶瓶就十分突出地展示了一具尸体的形象；获得"愉悦"的美学意义值得进一步探讨（见P231）。同时，"精确画像"这个短语也值得强调。"仔细"在古希腊语中被写作"êkribômenos"，它也可以翻译为"准确执行"。但是，要理解亚里士多德使用这个词表达的意思，我们必须转而求助于他的雅典老师柏拉图。

柏拉图的对话录《克里提亚斯》（*Critias*，约公元前350年）中流传下来的一种观点表明，古代观众对形体表现有一种批判性敏感。就艺术家尝试描绘的"大场景"而言，如"大地、群山、河流、森林和神圣的天堂，连同在天地间存在和移动的一切事

---

* 见比兹利：《阿提卡黑绘陶瓶》，632ff。

物","如果他们只表现出了部分真实,我们就会感到满意",因为这与我们对这些事物的固有印象是一致的。相比之下,"当一个画家试图描摹人体时,如果画得不像,我们很快就能发现,因为我们对原始的模型再熟悉不过了"。(《克里提亚斯》,107)现在看来,这样的总结过于天真了(柏拉图只是将其当作一个讨论哲学的类比),不过它为我们指出了这样一种可能性:雅典的陶瓶画师在工作时,会优先考虑且有意识地按照正确的方式来表现人体(我们也可以顺便指出,风景画显然不在任何一位古希腊陶瓶画师的绘画范围;在表现布料的时候,欧弗洛尼奥斯就无意追求逼真的效果)。换句话说,这些先锋派艺术家是否意识到了现代学者在意的解剖学精确的重要性呢?

谈到这个问题,不得不提的是在慕尼黑的一个有欧西米德斯签名的陶瓶,它经常被人引用。这就是恩斯特·H.贡布里希在《艺术的故事》一书里提到的那只著名的双耳瓶,它代表着艺术史上最重要的发现之一,"透视法……这是艺术史上的一个重大时刻,大约在公元前500年以前,艺术家们第一次敢于……从正面视角画一只脚"(图15)。贡布里希的这本书可能正在失去它当初享有的声望,但他对一位古希腊陶瓶画师的高度肯定从未有过争议。有人研究过世界范围内的艺术,但并未发现有更早的从正面视角表现人脚的例子。欧西米德斯似乎也意识到了他的创新(尽管现在看来很初级);至少,他在另一只慕尼黑双耳瓶(编号2308)上重复了这一技法,那是一名不太出名的战士,名叫托吕奇翁(意

图15：欧西米德斯创作的双耳瓶，约公元前510年，来自武尔奇。赫克托耳全副武装，两侧分别站着他的父亲普里阿摩斯和母亲赫卡柏。高60.5厘米。慕尼黑，州立文物博物馆，编号2307。

为"胸甲穿戴者"），还穿了一件类似的胸甲。

先锋派有一个共同（也是可爱的）特点，他们在创作时显然喜欢在作品中互相调侃。所以，在慕尼黑的一个提水罐（编号2421）上，芬提亚斯不仅表现了欧西米德斯像一个少年专注地上音乐课的情景，还展现了一个袒胸露乳的妓女用酒杯向他敬酒的画面。欧西米德斯创作的作品与他被引用的作品一样多。在陶瓶的一面，赫克托耳半身前倾，正在穿戴盔甲，欧西米德斯还画了三名"狂饮者"，他们也是渐入佳境并开始跳舞的会饮的主角（图

图16：欧西米德斯创作的双耳瓶的背面画。左边的人被称为"舞会主人"。慕尼黑，州立文物博物馆，编号2307。

16）。这些狂饮者是"受人尊敬的"雅典人，这从位于画面中心的人物身上就能看出来。他挥舞着雅典公民习惯携带的多节手杖（当他们来到公民大会投票时，就会举起手杖。所以在民主政体下，这根手杖就成了平等的象征）。得益于典型的欧西米德斯式偏好，这三个人都身材矮壮。由于他们都留着类似的胡子，戴着类似的花环，衣服也都是半遮半掩的，做一个较为老到的推测就是：艺术家可能有意安排了同一个人表演一系列动作。无论如何，动态效果都是明显的。通过一些灵巧的线条，欧西米德斯能够在"四分之三视角"的画面中呈现这种效果——也就是说，介于正面视角与侧面视角之间。位于画面中央的舞者最明显地证明了这一点：他走到右边，直接向后看，由此向我们展现出弯曲的脊椎和两个宽阔坚实的肩胛骨。无论是被认定为"斯米克罗斯"（见图12）作品的窄口罐上挥舞短剑的运动员，还是在卢浮宫中由欧弗洛尼奥斯画在残缺的陶瓶（G 110）上的醉酒舞者，都表明要做出这种"错误"的姿势有多么容易。*在这里，欧西米德斯——如前所述，可以把他想象成是欧弗洛尼奥斯的兄弟——表现出了一种可靠的触觉。他的线条不多，但充满灵气。他在人像周围有节奏地撒上字母，与他们的动作保持一致。在手持酒杯的主角身后，他还沿着垂直方向加了一句俏皮话："因为欧弗洛尼奥斯从来不。"这句话直译很容易，但具体所指的含混引发了不少学术讨论。欧西米德斯是在说欧弗洛尼奥斯从来没有像这样跳过舞吗？还是说，欧弗洛尼奥斯画不出这样的舞者？关于第一个答案，以及凯拉米克斯的工匠是否被允许参加雅典正式会饮，仍然存在争议。这是一种可能性，我们将在下一章中讨论（见P92），但大多数评论家仍持怀疑态度。关于这则信息，与其说是欧弗洛尼奥斯在跳舞时缺乏优雅，不如说是他作为一名陶瓶画师，永远"不会"想成为一名会饮"饮者"。他可能会描画会饮上那些长相俊美、出身优裕的人——这些会饮上诞生了狂欢表演（据记载，表演经常处于醉酒状态）——但在社交活动方面，他缺乏参与的资格。然而如果人们接受了第二个选项，当我们回到"先锋派到底开拓了什么？"

---

* 后者上面的铭文是"欧弗洛尼奥斯画了（类似的）这个"——暗示艺术家比较满意这件作品。

这个问题时，会更接近真相。画面中，欧西米德斯一面吹嘘自己能够熟练地呈现四分之三视角，一面贬低了他的一位作坊同事。

我们没有证据可以表明，欧弗洛尼奥斯曾对欧西米德斯予以还击。不过，他陶瓶上的人物形象却以他们的方式表达了这一点。许多例子可以引用，尤其是萨尔珀冬陶瓶画面中的同名人物，它既不以完全的侧面视角，也不以完全的正面视角呈现。而我个人最喜欢的，还要数比兹利发现的一幅完美的掷标枪者的透视图（图17）。

毫无疑问，继承了德国自18世纪以来学术传统的贡布里希，会赞成欧西米德斯提出的关于欧弗洛尼奥斯的后一种解释。而在

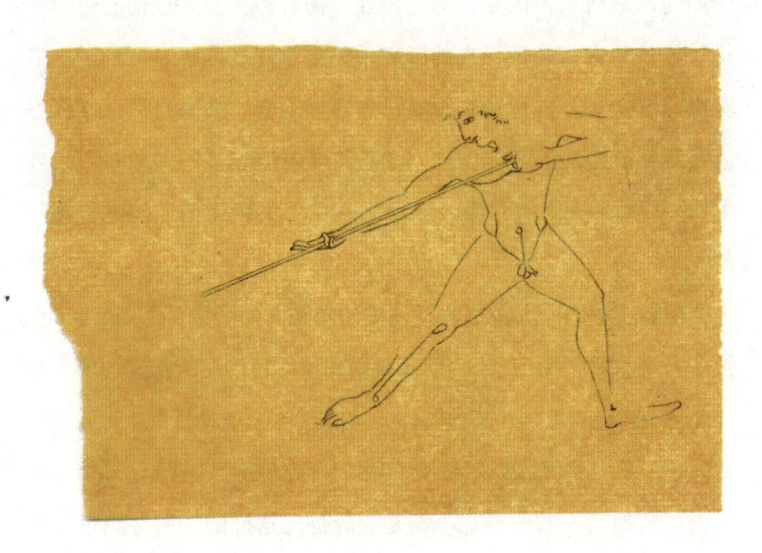

图17：欧弗洛尼奥斯创作的一只双把提水罐残片上的"投标枪者"人像摹图。运动员略微俯视，右脚呈现出四分之三视角。图片来自比兹利在牛津大学档案中的一页；原始陶瓶现藏于德累斯顿雕塑博物馆。

欧弗洛尼奥斯与"先锋派" 65

现代艺术史元老温克尔曼的著作中，更倾向于从广义的政治角度解释为什么欧弗洛尼奥斯、欧西米德斯等人会倾向于"新式素描"。他认为，艺术家"敢于"从正面视角来画脚，源于公元前510年雅典民主政体的建立所带来的艺术表达自由。当然，这个年代与先锋派的全盛时期相吻合，尽管在他们的幸存作品中，并未提及任何与民主基础相关的事件和人物（例如公元前514年遇刺的僭主希帕克斯）。

当提到公元前6世纪晚期盛行于雅典的某种平等主义社会思潮时，我们可能会更加谨慎。在二维和三维艺术中，向自然主义风格的"进步"在公元前6世纪僭主统治时期就已经足够明显了。无论如何，最后一个因素，即实操性，仍有待提及。任何有过"素描"经验的人都知道，人的脚和手是很难"准确描摹"的，这需要练习。但是，古代陶瓶画家是怎样做的呢？如果自然主义就是通过观察"生成"一幅图像，然后将其与所代表的对象进行"匹配"，那么，我们的先锋艺术家们是在哪里，又是如何进行观察的呢？

柏林所藏的欧弗洛尼奥斯创作的陶瓶上的图像（见图1）可以被命名为"竞技场场景"，即摔跤和其他体育活动的指定场所。在公元前6世纪的雅典和其他城邦，这些活动已经成了当地人公共生活的一部分。将赖希霍尔德关于竞技场景的描绘"打开"（图18），我们不禁想问：欧弗洛尼奥斯是否曾进入这样的场所并画过一些素描，甚至在必要时向某些运动员提出"待在那儿，拿好了"之类的要求。

博思默对欧弗洛尼奥斯的欣赏始于萨尔珀冬陶瓶。他曾说，我们在这里看到的是"最早获得成功的四分之三视角的红绘人像"——运动员背对观众，转身看到一个男孩从他的脚上拔出一根刺。面对欧弗洛尼奥斯描绘一个运动员从雪花石膏瓶中摇出油的动作，博思默还称其画出了"一条起伏的红线"，表现了油从一个小且窄颈的烧瓶中"缓慢地流出"，这与从一个更大的容器中倒出酒或水的方式截然不同。我们的言下之意是说，欧弗洛尼奥斯以纪实的精神记录了这些人像和摇出油的过程。不过古希腊社会史的证据并不能支持这样一种观点，即一位工匠被允许进入这些许多年轻公民度过大量休闲时光的体育场所。

因此，我们只能好奇，这些先锋派艺术家是如何做到这一点的。抑或，当时社会阶级的界限并没有我们想象的这么森严。历史学家会说，工匠们也很少有机会参加古代贵族的会饮。但正如我们将要看到的那样，欧弗洛尼奥斯用细致迷人的细节描绘为我们重现了会饮的氛围。

图18：欧弗洛尼奥斯创作的陶瓶细部（柏林，古典藏品馆，编号F2180；见图1）。这些运动员包括赫格西亚斯、安提丰、希帕尔库斯、希波墨冬，以及他们的奴隶或男仆特里亚农。

68

69

3

******

雅典和会饮

陶瓶的主要文化语境

"古代会饮"（syn-posis，即聚在一起喝酒）这一概念的字面含义，显然正是本章开篇要讲的内容。但在希腊人心中，会饮上可能发生或应该发生的事，却远不止愉快地解渴那么简单。一幅典型的场景图显示了会饮的几个特征：不仅使用基利克斯陶杯，还包括奏乐、在靠垫和卧榻上休憩、参会者头戴丝带，以及公开示爱（图19）。共享掺水酒的习俗并不多见，但在其他地方有着充分的证据。在不同的希腊作家笔下，对给酒兑水时酒水比例的记载不尽相同。尽管如此，稀释原则在文化上仍然具有重要意义。希腊评论家倾向于非议那些没有喝掺水酒习俗的社会，就像（据记载）凯尔特人、斯基泰人和马其顿人。未掺水的酒可以用来向神献祭，凡人在饮用时，则应该谨慎。毫无疑问，酒是一种这样的药，它既能治病，又能下毒；既能造福，又能诅咒。这是酒神狄俄尼索斯——"一位带来麻烦的神"——赐给我们的礼物。荷马史诗中的英雄曾说："对于一个辛劳疲惫的人来说，酒能使他恢复体力。"（《伊利亚特》，6.261）对于冒着生命危险踏上战场的战士来说，酒亦能使其获得片刻的放松。然而，希腊世界最擅长颂扬体育比赛胜利者的诗人品达却宣称："水是（一切事物中）最好的东西。"（奥林匹克纪年1纪1年）因此，将酒与水混合这一原则含蓄地帮助饮酒者遵守了位于德尔斐的阿波罗神庙所供奉的一条箴言："不过量"或者"勿过度"。

从这个开篇中，我们可以确定关于会饮的若干问题，它们与本章的主题，即公元前500年左右诞生于雅典的一只特定陶瓶的制作有关。据统计，在公元前525至前475年生产的雅典陶瓶中，大约有5%直接展现了公共会饮的各种场景，这是雅典人描绘自我形象的高峰时期。尽管萨尔珀冬陶瓶没有为我们展示躺在卧榻上的饮酒者，但它在形态上仍然代表了"陶瓶"的一种类型——一种在正式会饮中必不可少的调酒器皿。我们有理由相信，为实现最初的用途，一只陶瓶的装饰应该有一定的图像逻辑或者某种适用性。那么，是什么将暴力和死亡场景与一个欢庆的场合联系在一起呢？陶瓶上的其他人物与当时的社交场合有什么关系吗？欧弗洛尼奥斯是受人委托，才为某次特定的会饮制作了这个调酒容器吗？作为一名艺术家，他对这种聚会有直接经验吗？（他也许至少

图19：有"斯米克罗斯"签名的短颈酒罐一景（水彩复制品）。一名饮酒者名叫斯米克罗斯，吹笛的姑娘名叫海利凯（意为"不老实的人"）。卧榻前的矮桌上摆着鲜花和甜点。布鲁塞尔五十周年纪念博物馆，编号A717。

图20：有"斯米克罗斯"签名的双耳短颈罐，约公元前510年，可能来自切尔韦泰里。画面中心有一个巨大的混酒碗或者盆，安装在一个支架上，支架脚底是两只酒壶。其中一个人名叫欧阿尔科斯（意为"善于管理"），或者是一位年轻的管家？另一个人名叫欧埃尔同（意为"及时的"或"准备好的"）。高38.5厘米。布鲁塞尔五十周年纪念博物馆，编号A717。

能从荷马史诗中认出"沁人心脾的酒"这一与其名字相呼应的称号:《伊利亚特》,3.246。)

在我们试图回答这些问题前,需要先解决一个重要的基本问题。其实只要看一看典型会饮场景的反面,就足以提醒我们注意这个问题(图20)。陶瓶的这一面似乎为参加宴饮者的形象提供了一个"垂饰",展示了他们是如何在卧榻上享用食物的。一位成年男子和少年都绑着腰布,聚在一个像大锅一样的东西两侧。他们拖着沉重的安佛拉罐,因此被认为是奴隶;然而两人似乎都带有一种"派对精神",头上戴着由绿叶编织成的花环。据推测,这种像锅一样的容器(放在架子上是因为它本来就没有底座)是一种用来混合葡萄酒与水的器皿。但是这只巨大的容器是用什么材料制成的呢?除了外部边缘的凹槽外,它的表面没有任何装饰。很可能,这种容器其实是一件金属器皿。

理想的情况是,会饮需要配有一套金属用具。各种文献材料都证明了这种猜想,不仅包括我们在荷马史诗中发现的充满仪式感的关于会饮的描述(如《伊利亚特》,11.624ff),也包括后来的作家作品对各种金属艺术品的大量用典。例如历史学家希罗多德提到,吕底亚国王克罗伊斯曾经向德尔斐圣地敬献了大量的巨型金银罐,以此来证明他有多富有(希罗多德:《历史》,1.50)。这样的金属物件很少出现在考古记录中,因为它们总是受到盗墓贼的劫掠。但一个明确的价值等级是可以弄清楚的:黄金第一,白银第二,青铜第三,最后才是陶器。很难精确衡量某种媒介的价值超过另一种媒介多少,尤其是这类商品的供应受到历史和区域差异的影响。但可以肯定地说,差异应该相当大。这样的假设也是合理的:无论装饰多么精致,公元前500年左右的雅典人都不太会花一大笔钱买一只陶瓶。

一些学者认为,关于古代金属器皿具有优越地位的证据,是对现代的古希腊陶瓶鉴赏家的一种批评。他们认为,一件古代陶器能卖到100万美元,反映了人们对身份卑微的工匠们的手工艺品有一种变态的迷恋。要知道在这些工匠生活的时代,他们从未受到多少来自赞助人的尊重,更不用说他们会因自己的作品获得多丰厚的报酬。这些作品(因此争论继续)大部分来自冶金工人或受雇于更大项目工程(比如公共空间的绘画,包括舞台布景——所有这些都被希腊人称之为"巨幅画技术")的艺术家。

如果这么多陶瓶最后都进了伊特鲁里亚人的坟墓,那是因为伊特鲁里亚人"只是想要一个体面的葬礼,而不想花钱"。但这种观点也可能产生误导。彩陶可能并不贵。尽管如此,按照习俗,它通常是被用于特殊场合的,如婚礼、节日、扫墓、正式的会饮,等等。从古代家用品碎片沉积层中发现的陶器往往表明,日常生活中使用的陶器大多未经装饰。它们不一定"粗糙",但必然很少经过"先锋派"和其他陶瓶画师的加工。在雅典广场遗址的一口家用水井里曾发现两个被认为是欧弗洛尼奥斯作品的"蓄意红"杯残片,但在该文物沉积层中(似乎包括公元前480年波斯占领雅典期间损坏的物品),其他器皿大多是纯黑釉,这一现象具有相当的典型性。

黑釉器皿的表面当然会有光泽，类似于或者可能有意模仿金属效果。事实上，除了反映主人奢华的生活方式外，一套由金属制成的酒具还带有独特的审美趣味。抒情诗喜欢赞美"闪光"和"明亮"的特性，因为这种特性往往与神的显灵联系在一起，（在"阿格莱亚"一词中）象征着人们的欢乐。图案装饰也可能起到画龙点睛的作用。在古马其顿德尔维尼出土的一只著名陶瓶上的镀金青铜浮雕，表明了古典时期可能达到的技术水平。与我们的陶瓶时间上更接近的，是同样著名的"维斯的宝藏"，这是在勃艮第一位凯尔特"公主"的坟墓中发现的巨型青铜双耳罐（图21）。它的容量超过1000升，相比之下，欧弗洛尼奥斯画的大陶瓶就袖珍多了。

它们的容量或许很大，但像维斯双耳罐或者由克罗伊斯在德尔斐献祭的巨型金碗这样的器皿，可能并不实用。即使在空着的时候，维斯双耳罐的重量也在200公斤左右。等到装满酒时，即使是众所周知"擅长豪饮的"凯尔特人，也需要一群人聚在一起才能应付它。相比之下，雅典的会饮通常都在私人住宅的男子专用房间举行，会饮的内容多是家常便饭。希腊语"triklinion"（我们更熟悉罗马的"triclinium"）一词的字面意思，是指在一个接近方形的房间里，挨着三面墙摆放的三张卧榻。事实上，当时的房

图21："维斯的宝藏"：青铜涡形陶瓶，约公元前520年。属于希腊工艺品，可能来自希腊在意大利南部的一个殖民地。这个陶瓶可能与希腊人、伊特鲁里亚人和凯尔特人之间的葡萄酒贸易有关。高1.64米。法国塞纳河畔沙蒂永地区博物馆。

CRATÈRE EN BRONZE

间内可以摆放更多的卧榻,最多可以容纳十几个客人。在这样的家庭环境中,彩陶有了一席之地。鉴于民主雅典追求平等的风气,它并不代表着炫富,这可以说是一个重要的参考因素。它的吸引力堪比做工精美的纺织品:一般说来,装饰精美的陶器与精纺或刺绣制品都可以被归类为"poikilia",即"做工复杂"和"色彩斑斓"的东西。而且,无论这种彩陶多么精致,雅典人的经济能力都可以承受。研究证明,一只"标准的"红绘陶杯的原始成本是1个德拉克马,大约是一个工人的平均日薪。假设像萨尔珀冬陶瓶这样的大型器皿按比例增值的话,我们这只"价值百万美元的陶瓶"在古代的估价可能是5个德拉克马,大约相当于今天的300英镑或者400美元。因此,可以想象,这只陶瓶可以被专门借用于这次或那次会饮。如果属实,它们的装饰就可以根据应用的场合量身定制,配上"圈内玩笑"和当时的其他元素。这些艺术家仍然不太可能与他们的赞助人有社会交往,但这并不排除他们与主要的会饮参加者,以及被雇来招待他们的"高等妓女"相熟的可能性。

　　对于欧弗洛尼奥斯或斯米克罗斯来说,画一个名叫"斯米克罗斯"的英俊青年躺在会饮的卧榻上意味着什么,这是我们马上要讨论的问题。一个雅典会饮用的器皿被作为"珍贵的财产"小心保存在伊特鲁里亚人的坟墓里,又意味着什么呢?可以说,这是另一个完全不同的问题,我们稍后再做讨论(第五章)。有人认为,这只彩陶曾在雅典的一次会饮上使用,后来在某种"二手交易"中被运到了意大利，但这种说法也有问题。现在，我们将把重点放在会饮涉及的本土文化上，不仅要探讨视觉材料的各个层面，还要分析前古典时代文献材料的确定含义。

从时间上说，会饮作为爱琴海地区的一种习俗，可以追溯到青铜时代；从地理上讲，这种习俗又起源于近东地区。这种把酒水混合的古老习俗，在古希腊语中被称为"krasis"，暗合现代希腊语指代"葡萄酒"的"krasi"一词。就目前而言，对我们来说真正重要的问题是，作为为会饮"服务"的容量最大的器皿，混酒罐在某种程度上是这一场合的核心用品（即使出于后勤保障原因，它有时也可能被放置在相邻的房间或院子里）。雅典人的器皿库里有多种不同类型的陶瓶："柱形陶瓶"有微型圆柱构成的把手；"涡形陶瓶"将这些柱状把手细化成了卷轴式样；"钟形陶瓶"看起来像一个倒挂的钟，它的把手通常缩成耳状；而我们的"花萼状陶瓶"之所以得名，仅仅是因为它在植物学上的特征，它的把手就像花萼片一样，支撑着从罐子里向外展开的"花瓣"。显然，无论是从雅典还是从切尔韦泰里的出土物来看，欧弗洛尼奥斯及其先锋派同侪或赞助人都喜欢这种类型的陶瓶。他们还为比较讲究的饮酒者制作了一种辅助性的陶瓶，形似细长的蘑菇，我们认为这是一种古老的冷却器皿，因此得名"凉钵"（可参见图12）。*

"围绕陶瓶"会发生什么事呢？为了说明会饮的礼仪，人们经

---

* 所谓凉钵，是在钵里放冰，然后再将一只倒满酒的花萼状陶瓶放进去，还是钵里放酒，然后再将其放在一只装满冰、雪或凉水的花萼状陶瓶里，争议尚存。

雅典和会饮　　81

常引用一段被认为出自色诺芬尼之口的话。这位长寿的游吟诗人和哲学家生于伊奥尼亚的科洛封,活跃于公元前6世纪。人们认为他是在雅典的一次会饮上,对出席会饮的人讲出了下面一番富于教谕性的韵文:

地板刚刚打扫干净,酒杯也被擦干净,每个人的手也都洗干净了。一名侍者为我们戴上编织好的花环,另一名侍者端着一碗馨香四溢的香水走来。陶瓶就在那里,承载着欢乐,给我们带来喝不完的酒,这些酒充斥着花香,在罐子里荡漾,保证我们的会饮可以顺利进行。我们当中弥漫着清澈的乳香,周围还有冰凉、甘甜而又纯净的水。金黄的面包摆在我们面前,还有一张漂亮的桌子,上面摆满奶酪和浓稠的蜂蜜。房间正中央的祭坛摆满了鲜花,屋子里回荡着颂歌和人们喜悦的声音。正直的人应该用虔诚的故事和得体的语言,首先把赞美献给神祇。当他们斟满供酒,祈求神祇赐予他们拥有行为得宜的力量——因为这是每个人的希望,只要他们还能独自回到家中,饮酒就没有害处(除了那些年事已高的人)。只要有人在享用完美酒之后,还能凭着记忆涵养高尚的情操,唤起卓越的目标,他就是当场最荣耀的人。他不会歌颂泰坦神族、巨人或马人族的战斗(这些是过于久远的神话故事),也不会歌颂内战:我们从这些故事中无法学到什么。只有敬畏神祇,才是真正的善行——永远如此。[色诺芬尼,fr. 1(Ath. 11.462cs)]

这里有一种强烈的感觉，好像诗人是"会饮的主人"或"仪式的主持人"，我们也必须同时记住，这些韵文属于一种倾向于清教徒式的"劝喻体哀歌"。不是每个人都同意要限制那些适合背诵的主题。现存的雅典饮酒诗歌（来自斯科里亚）表明，政治引喻并非禁忌。但色诺芬尼强调，"虔诚的故事""令人振奋的传说"以及"纯净的言语"，可能有助于我们最终理解为什么某些诗歌主题被认为适合装饰会饮上使用的器皿。虔诚并不一定能消除暴力。作为一种文学上的忠告，诗人们对"虚构过去"的反对似乎是严厉的；无论如何，画师们显然忽视了这一禁忌。雅典生产的最令人印象深刻的一个陶瓶，也就是我们称之为"弗朗索瓦陶瓶"的黑绘柱形陶瓶（见图30），就将观众带入了一种错综复杂的神话故事氛围中，包括马人族和拉庇泰人之间战斗的详细场景。至于赫拉克勒斯和一些杰出对手之间的无数次战斗，欧弗洛尼奥斯只是作为众多艺术家之一，发现了这一主题对其具有无法抗拒的吸引力。

当然，许多陶瓶都代表着"狄俄尼索斯的世界"。这不仅包括酒神及其喧闹随从们的形象，如森林之神萨提尔、女祭司和各种各样的动物，还包括戏剧中的滑稽动作、饮酒竞赛、（不端的）性行为，等等。与阿波罗有规矩、明秩序、懂节制的形象相反，酒神在视觉上给人一种不可预测、顽皮和迷狂的特点。仅仅是戴着一串与酒神花环有关的树叶（常春藤的叶子或藤蔓），就足以唤起人们对酒神的狂热崇拜。在卢浮宫同样来自切尔韦泰里的两只陶瓶上，欧弗洛尼奥斯展示了他对必需的肖像学的理解，并为其注入了特有的活力。其中一只陶瓶（G33）显示了它"神话"的一面：女祭司们尽情地挥舞着响板和法杖；萨提尔们手拿笛子，兴奋地勃起着，在人们中间蹦蹦跳跳地倒酒。另一只陶瓶（G110）描绘了一个"真实的"节日场景：全阿提卡的村庄都会在冬季举办乡村酒神节，而这种节日庆典的特色，是一种被称为"askoliasmos"的舞蹈。这种舞蹈包括一项在一堆光滑的酒瓶上跳来跳去的仪式。作为一项挑战，它可能提醒着每个人在喝酒的同时，也要保持"正直"的重要性。

与现代做法相比，古代通常是在一年里较晚的月份采摘葡萄来酿酒。这就产生了一种经过快速发酵、酒精度和甜度更高的饮品。色诺芬尼说过，过度饮酒（或掺水不足）可能带来耻辱。当然，他并不是唯一一个这样想的人。就连以嗜酒闻名的抒情诗人阿那克里翁也认为，酗酒是一种狂妄自大的表现。他反对过度放纵，认为"过犹不及"。由于语言上的巧合，希腊人很容易将饮用"未掺水的"酒与"失控"和"无力"的状态联系起来。史诗和传说也很有教育意义。荷马指的是奥德修斯储存在船上的来自马罗尼亚（《奥德赛》，9.209）的浓郁黑酒，必须特别小心地处理，即酒与水应按1∶20的比例混合。这是奥德修斯送给一个处于文明世界之外的怪物——独眼巨人波吕斐摩斯的酒。"由于他的愚蠢"，波吕斐摩斯毫无节制地喝起了酒，并招致了灾难性的结果。于是就有了"共同饮酒的规则"。然而，保持清醒并不是这些规则的目的。相反，这种规则旨在营造一种欢乐和谐的宴饮氛围：斟满的酒杯带来源源不断的"轻松的对话"，祝酒之声高涨，最终，欢宴者会迎来"狂欢"，包括走到街上跳舞，或者至少随着音乐到处走动（见图16）。在这充满欢乐的场合中，我们可以发现一种名叫"科塔博斯"的游戏。它显然是在西西里被发明的，可能在公元前6世纪下半叶的雅典会饮上由阿那克里翁等人推广开来。无论如何，到约公元前500年，它在希腊和伊特鲁里亚附近的出现已经板上钉钉。"为了纪念布罗米乌姆神（狄俄尼索斯）"，它的基本形式是向一只碗或其他目标里扔酒渣。在会饮参加者往外扔东西的时候，可能伴随着一声求爱的呼喊。有时候，杯子里的东西似乎会被直接投向求爱的对象。我们猜想，在会饮之夜的最后，这种游戏极有可能会造成宴会场面的混乱。在希腊西部殖民地帕埃斯图姆的一座彩绘古墓里，我们可以见到玩这种游戏所需的一点技巧：会饮参加者的食指扣在基利克斯陶杯的把手之中，轻轻一弹，就发射了（图22）。

我们并不知道欧弗洛尼奥斯是否玩过这个游戏，但他了解这个游戏。此外，因为这些会饮是在他同时代的雅典举办的，他显然知道会饮的更多细节。在切尔韦泰里一座古墓出土的凉钵（与其"配套的"，可能还有一个陶瓶）上，画家"删除"了参加会饮的男性，反而为我们描绘了四个高级妓女，她们松弛地躺在明显铺在地板上的床垫和靠垫上，而不是卧榻上（图23）。她们的名字都很有趣：斯米克拉（意为"小巧的"，甚至是"宝贝儿"），帕莱斯托（意为"格斗者"），塞克利奈（意为"好床伴"，诸如此

图22："潜水者之墓"细部，约公元前500年，帕埃斯图姆，国家考古博物馆。

类），阿伽帕（意为"爱"。比兹利认为，这是一个在前基督教时代很罕见的词）。塞克利奈吹着笛子，另外三个人手里拿着两只大杯子，这大概是她们酒量超凡的标志。如果欧弗洛尼奥斯自己取了"斯米克罗斯"的绰号，那就很容易变成女性化的"斯米克拉"。无论如何，他选择了斯米克拉作为那个在这里"说话"的人物，并在她的科塔博斯手势旁加了一个短语：tin tande latasso Leagre，字面意思是"把我这个扔给你，莱阿格罗斯"。

这些词让人想起多利安方言，这种希腊方言主要流行于伯罗奔尼撒半岛和西西里岛（如果这位艺术家转录的是当地的阿提卡方言，这个短语就应该类似于"soi tênde latagô"）。这四个高级妓女在身材上明显偏男性化（尤其是宽肩的帕莱斯托），因此有人提出，这里画的其实是四个斯巴达女人。不过她们的名字显然不是斯巴达式的，语言的动词形式实际上也不是斯巴达式的（正如阿里斯托芬指出的那样，斯巴达人会说"lataddô"）。也许，欧弗洛尼奥斯只是在描绘科塔博斯游戏的常规玩法，通过让玩家说多利安方言这种方式，暗示这种游戏起源于西西里的事实。无论如何，这种会饮上的玩笑使人想起一个在欧弗洛尼奥斯乃至其他画家的作品中经常出现的名字，这个名字在过往的学术研究中也经常被提起，这就是：莱阿格罗斯。

Leagros Kalos，意思是"美丽的莱阿格罗斯"。这个名字不仅出现在萨尔珀冬陶瓶两侧，还出现在幸存至今的共计80多个阿提卡陶瓶上（其中一些是黑绘陶瓶）。关于这个名字，首先要注意的是，虽然它看起来像涂鸦，但它经常被作为原始装饰的一部分。其次，这个名字十分独特，足以与公元前465年雅典人在色雷斯战役中的一位指挥官联系起来。莱阿格罗斯可能死于那场战役：如果这一情节属实，由于赞扬他（或许正年轻）美貌的铭文开始出现在大约公元前520年的陶瓶上，在他死前，他应该已经是一位经验丰富的将军了。*

在一个为会饮准备的陶瓶上描绘个人美貌，这通常与恋童癖有关。恋童癖一般被定义（在1933年版的《牛津英语词典》中）

---

* 莱阿格罗斯死后，留下一个名叫格劳孔（取自其祖父的名字）的儿子。这可能就是后来又被誉为"美男子"的那个格劳孔，他出现在约公元前470年由画师普罗维登斯创作的大量红绘陶瓶上。

雅典和会饮　　87

图23：有欧弗洛尼奥斯签名的一只凉钵上的画像，来自切尔韦泰里。高34厘米。圣彼得堡，艾尔米塔什博物馆，编号B1650。

88　萨尔珀冬陶瓶：一只古希腊陶瓶的前世今生与英雄之死

雅典和会饮 89

为"与少年发生不正当关系,或者鸡奸"。不过,这个定义在这里并不适用。在过去的半个世纪里,我们对雅典、斯巴达和其他地方鸡奸习俗的理想与现实情况的理解加深了,同时,我们对同性恋者的态度(总体上)变得更宽容了。有关古代雅典会饮上鸡奸现象的文献材料早已众所周知,特别是在大约公元前400年的雅典,两位几乎处于同一时代的作家色诺芬尼和柏拉图,都写了名为《会饮篇》(The Symposium)的作品。但直到最近,这些可见的文献材料要么受到限制,要么被含糊其词地处理。1978年,肯尼思·多佛"里程碑式"的著作《希腊同性恋》(Greek Homosexuality)问世,在讨论陶瓶上的铭文"Kalos"的时候,他不仅将其置于雅典社会正式求爱行为的背景中,还将其与体育场更衣室墙壁上或入口隧道(如在尼米亚)里的涂鸦做了比较。他由此得出结论,"莱阿格罗斯是美丽的"这一宣言的含意,可能与它的字面意思差不多。

称呼可以是匿名的,就像一个人可以被简单地称为"漂亮男孩"(在称呼女性时,一些裸体的妓女或者正在泉水旁取水的妇女可能会被称为"Kalê",即"美女")。但毫无疑问,"美男子"的标签是为了赞美当时的某些雅典人。赢得胜利的年轻运动员显然是受人崇拜的对象,而在公元前6世纪后期,赛会上的胜利——尤其是奥运会,但也包括其他赛会,例如泛雅典节上的比赛——开始成为一种虚拟的(如果不是真实的话)英雄身份的象征。因此,某些历史上已经被证明是体育英雄的名字,出现在了先锋派创作的陶瓶上，同时出现的，还有许多身材令人艳羡的人物，包括安提亚斯、欧阿尔奇戴斯和菲阿罗斯。安提亚斯似乎是欧弗洛尼奥斯的最爱，菲阿罗斯则是欧西米德斯的最爱，而两者的"肖像特征"都很难与常见的那种英俊相貌区分开来。当然，如果真有这样的人，画家们可能也只能像看星星一样，远远地看看罢了。

与当代的名人一样，出现在陶瓶上的一些人之所以声名狼藉，可能只是因为他们做了某种自我包装，或者做过一些足以引发公议的事情而已。这是一个与"名人文化"相关的伪亲密关系的典型例子吗？还是说，这一类人被邀请参加会饮，只是为了给会饮增光添彩？如果是这样的话，为了某次特别的聚会，陶瓶画师是不是可能把"贵宾"的名字加到瓶子上？确实如此。据推测，有人特意委托他们来完成这项工作，欧弗洛尼奥斯或欧西米德斯足够了解他的客户，于是为这个或那个会饮"定制"了陶瓶。根据我们对雅典人口统计的了解，陶工和画师似乎不太可能与他们的赞助人同属一个社交圈。因此，所谓欧弗洛尼奥斯与莱阿格罗斯有某种亲密关系的猜测（如某些学者所说），是过于轻率的。但值得注意的是，凯拉米克斯作为雅典的一个区域之所以得名，源于许多妓女（被"边缘化"的妇女，其中许多是外邦人）住在这里，或在当地的妓院做事。因此，不难想象，抑或是有些冒犯地说，欧弗洛尼奥斯本来就可能认识他画在陶瓶上的那些妓女（当然，她们与他也可能有着共同的客户）。

我们已经简要提及发生在雅典的政治革命，当时欧弗洛尼奥斯正在凯拉米克斯工作。鉴于会饮在本质上通常被认为是一种"贵族"或"精英"活动，读者可能会想知道它是如何受到克利斯提尼民主改革影响的。对于柏拉图来说，认为陶工们喜欢描述会饮场面的想法是怪诞的（《理想国》，420e），但这并不意味着他们没有经济能力参加此类活动。如果他们能负担起为雅典卫城敬献礼物的费用，当然也就能负担得起偶尔举行的会饮。然而，当我们看到欧弗洛尼奥斯把自己或者斯米克罗斯描绘成一个年轻英俊的会饮参加者（见图23）时，很难不认为其中有幻想的成分。身体半躺，左肘倚着卧榻，同时举起右臂，要求侍者倒更多的酒或演奏不同的曲调，这在古代是传统画法里王室形象的一部分。镶嵌物装饰的卧榻、坐垫、彩绘器皿、仆人以及"王冠"（哪怕只是用丝带或树叶制成），都赋予了会饮一种虚假的皇家气氛。这是休闲和特权的象征，而对于一个"囿于现实生活"的工匠来说，无论他的技艺多么娴熟，职业生涯多么成功，这都是他梦寐以求的东西。

　　文献材料表明，古典时代的雅典会饮是成年男性公民的特权，它在制度上为同侪们——城邦官员、方阵中并肩作战的士兵、一起训练的运动员——提供了一个通过各种方式"联系"的场所。娈童之爱是这一场景的组成部分，但在分析与美男子铭文相伴的图像时，我们应该牢记，到公元前5世纪末，一种将身体美等同于道德和政治美德的观念已经形成，这就是苏格拉底的"美即善"。在色诺芬尼的《会饮篇》中，描述了为庆祝少年奥托吕库斯在泛雅典节赛会上（约公元前422年）赢得的胜利，一群雅典公民是如何组织起一次派对的。显然，这些组织者都被色诺芬尼定义为"kaloi kagathoi"，简单翻译过来就是"绅士"。奥托吕库斯的父亲也将出席会饮。当少年出现时，包括苏格拉底在内的所有人都斜靠在卧榻上。"所有注视奥托吕库斯的人，"叙述者说，"都被这个少年的美貌深深地吸引了。"这里的骚动既是爱欲上的，又是美学上的。

从美学的角度来看，我们可以认为，任何一个被贴上美男子标签的少年，其形象本身都可能给人带来愉悦感；作为这一形象载体的陶瓶也是如此。此外，虽然"Kalos"通常包含形式之美，但它也可以在其他方面表示"令人钦佩的"，或者仅仅表示"好"或者"适当的"。那么，这对莱阿格罗斯意味着什么呢？一种说法认为，他其实是欧弗洛尼奥斯等人所在作坊的老板。以基利克斯陶杯为例（见图8），莱阿格罗斯可能会多次出现在一只陶瓶上，但他的名字又与任何特定的图像都没有明显的关联。他的名字可能写在并不讨喜的图像旁（例如一个男人呕吐的图像）。正如我们所见，"斯米克罗斯"走向一个矮小的"莱阿格罗斯"的场景似乎就是一幅戏谑性的漫画（见图12）。对于"美丽的莱阿格罗斯"经常出现在欧弗洛尼奥斯与其他先锋派画家所创作的陶瓶上这一现象，最好的解释可能是莱阿格罗斯是一位仁慈的雇主，能够接受类似的嘲笑。

无论如何，他的名字在我们的陶瓶"A面"上的位置是中心和突出的（图24）。通过将它倒着写在赫尔墨斯的脑袋一侧，欧弗洛尼奥斯可以将自己的名字并列写在另一侧，就好像是为了表示对等。因此，莱阿格罗斯令人钦佩的品质反映并完善了欧弗洛尼奥斯的艺术技巧——反之亦然。

在这里，与其他许多陶瓶一样，欧弗洛尼奥斯利用了铭文的装饰功能。他的文字也许不能算是"书法"，但却是工整而灵巧的，而且他常常以这样一种方式来突出器皿的构造和意象的构成逻辑。作为范例，我们可以看看"睡神和死神"的形象是如何自我"表达"的，以及萨尔珀冬的名字又是如何与从他锁骨下的伤口流出的血液形成了对角均衡。然而，这些铭文也传达了重要的信息：它们的存在足以使我们承认萨尔珀冬陶瓶是一种艺术品，而在这种艺术品中，图像并不独立于文字而存在。"文字"从来都是陶瓶外观和目的的一部分。陶瓶上的文字显然表明，它的主角经历了史诗般的死亡。值得重申的一点是，从表面上看，这似乎很奇怪。今天，如果酒瓶上印着一名阵亡士兵的图像细节，谁还会想要它呢？"在生活中，男人们看到他时感到惊叹，女人们看到他时觉得可爱，当他在战场上倒下时，仍然是美丽的。"公元前7世纪的斯巴达诗人提尔泰奥斯通过其对古代审美的理解，为我们提供了一种观点。（Fr. 10.19-30W）战场上的勇敢能成就一个"有

图24：萨尔珀冬陶瓶的细部：赫尔墨斯旁边的彩绘铭文，从右至左写的是"美丽的莱阿格罗斯"，从左至右写的则是"欧弗洛尼奥斯所绘"。而从左至右写的"修普诺斯"和从右至左书写的"塔纳托斯"构成一种对称的结构，看起来几乎是从画中人的嘴里吐出来的。

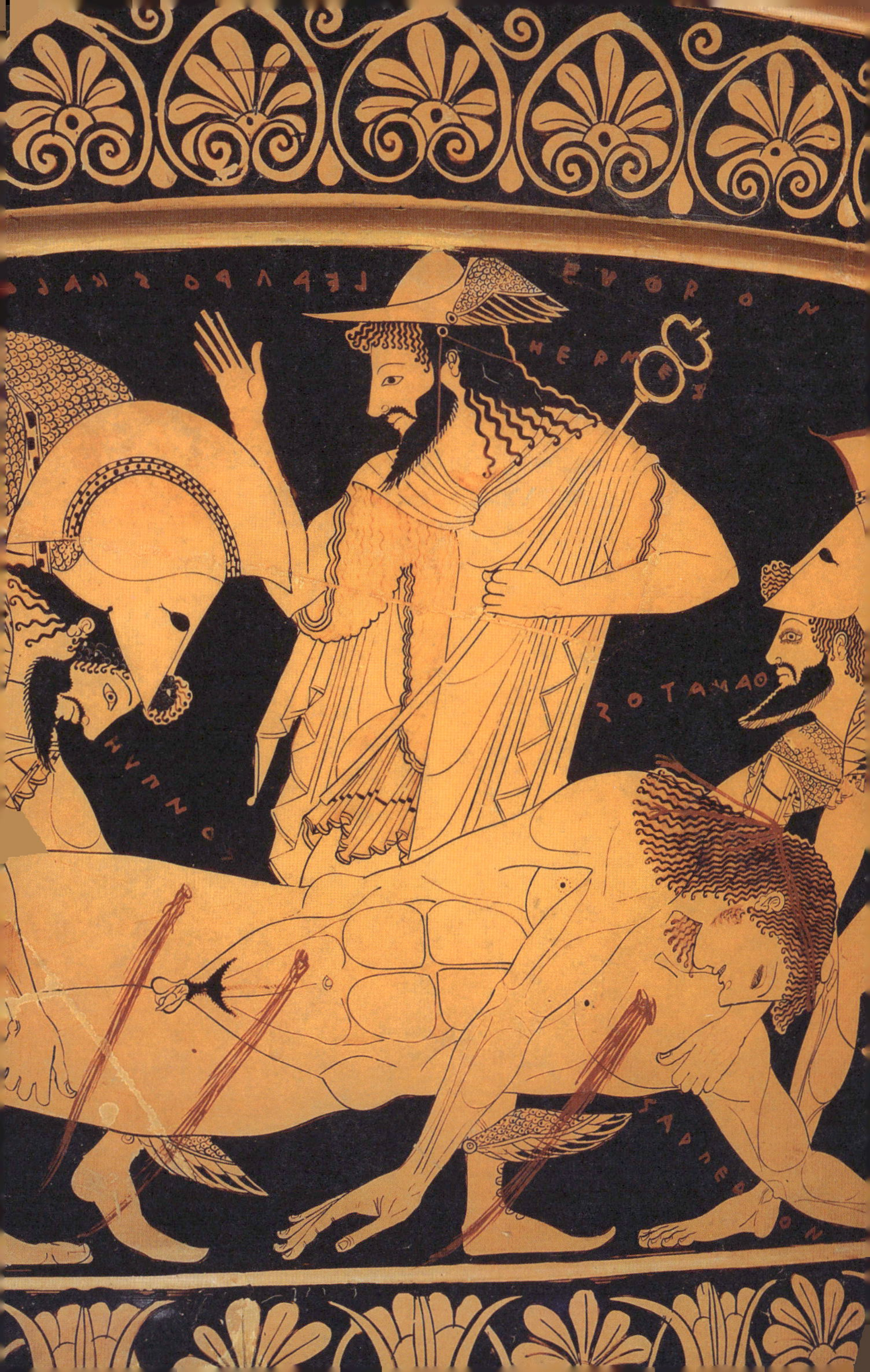

美德的人"。另一位古代诗人阿尔凯乌斯则告诉我们,会饮的场地应该用头盔、盾牌、武器等作战装备来装饰得明亮动人。(Fr. 140V)两位诗人可能都在酒会上吟唱过他们的诗篇。然而,他们的作品都源于史诗的古老传统。荷马描述了萨尔珀冬如何勇敢作战,并付出了生命的代价;最后,荷马史诗告诉我们,重伤的萨尔珀冬为何会在一次会饮上被人们称为"Kalos"——美丽而令人敬佩。

4

✶ ✶ ✶ ✶ ✶ ✶

史诗的教育意义

荷马与萨尔珀冬主题

关于萨尔珀冬，最重要的一点是要知道，他是一位英雄。在讲述这件事时，即使不考虑文学风格，也有理由使用现在时。然而本章的目的是探讨这一说法的历史价值。毕竟，萨尔珀冬算不上一位"家喻户晓"的希腊英雄。他的名字不像阿喀琉斯、埃阿斯、奥德修斯或阿伽门农那样"众所周知"。事实上，严格意义上讲，他并不是一个希腊英雄。我们似乎有理由追问，在讲述远征特洛伊的史诗中，萨尔珀冬作为希腊人的死敌，是如何在雅典这个最能代表"希腊性"的城市被奉为英雄的呢？

因此，萨尔珀冬的英雄行为需要重新审视。我们还需要考虑，为什么一个不仅死去而且仍在流血的英雄形象对观众具有美学或其他方面的教育意义（图25）。从生理学的角度来看，这是不合时宜的。从他裸露的部分身体以及紧闭或半闭着的眼睛来看，如果萨尔珀冬已经死了，那他的心脏当然会停止跳动，血液也会停止在血管里的流动。可是他的伤口仍在喷涌鲜血，红色颜料几乎是被人心血来潮一般猛地泼上去的，就像一个拿着蜡笔的孩子常做的那样。为什么艺术家要把一个英雄画成这个样子？现在出现了一个名为"易损性研究"的学科以及一门新兴的科学，旨在研究人对处于痛苦和不幸中的图像的认知反应。当代的这些进展可能有助于我们用自己的方式回答这个问题。同时，我们应该考虑"怜悯"或"移情"是不是与生俱来的、超越历史的美德。正如我们将会在第七章中看到的，搬运萨尔珀冬残缺不全、毫无生气的遗体这一主题将被"反复利用"，以明确呈现一个可以引起观者情

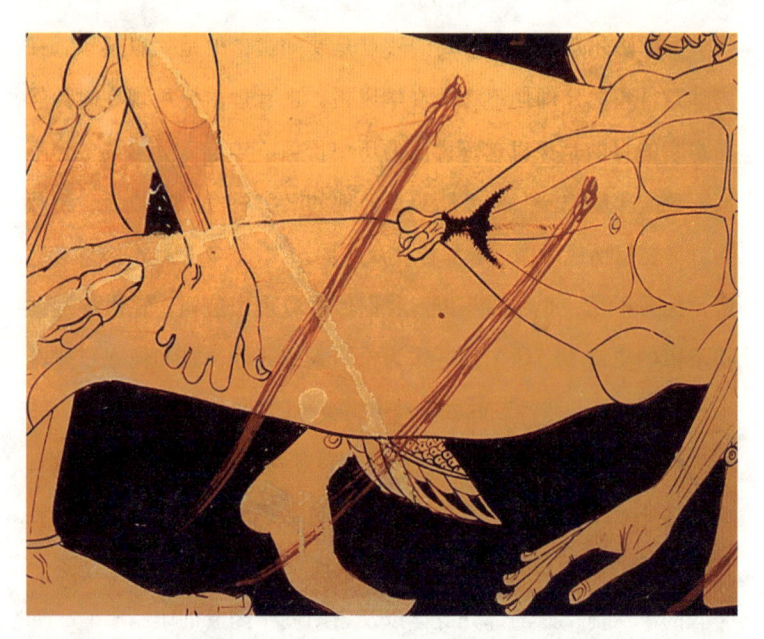

图25：萨尔珀冬陶瓶的细部。根据荷马的叙述，圈起来的红斑可能是之前受伤留下的疤痕（《伊利亚特》，5.660）。

感反应的人像——一个身体状况仍然极度糟糕的"忧患之子"。然而欧弗洛尼奥斯创作这幅图像是为了会饮的举办，而非供奉神祇。"英雄之死"一定曾使人们精神振奋。作为画在饮酒器皿上的奇观，它不亚于发生在舞台上的悲剧事件。我们能重构它在创作时所遵循的古代逻辑吗？

这个问题的前提很简单。假设在雅典举办了一次会饮，一位诗人为了娱乐"预定"了届时表演节目。这位诗人承诺，他将朗诵《伊利亚特》中的某一段（我们知道，职业游吟诗人的特长就是吟诵从荷马作品中选取的史诗片段或据此改编的抒情诗）。如果欧弗洛尼奥斯知道这一计划，为什么他不能创作一幅合适的画呢？这纯属我们的猜测。然而我们仍然需要搞清楚，为什么萨尔珀冬一幕被认为是一个"令人振奋的神话"（如果我们遵循色诺芬尼制定的规则的话）。

当然，陶瓶画师了解诗歌在会饮上的重要地位。欧弗洛尼奥斯向我们展示了一位有点儿慵懒地斜靠在坐榻上的会饮参与者，他还带着被称为巴比顿的巨型七弦琴，这种琴可以发出适合表达相思之苦的诗歌的低音（图26）。在人像的嘴唇上，有卷曲的

图26：安佛拉罐的细部，据说由欧弗洛尼奥斯绘制，来自武尔奇。引用的抒情诗与萨福作品的残片（编号36）有关，kai pothêô kai maomai——动词pothein暗示作者的追求是无穷尽或者无法如愿的。同样写在上面的还有"美丽的莱阿格罗斯"（倒着写的）。巴黎，卢浮宫，编号G30。

史诗的教育意义　101

"mamekapoteo"字样——大概是"mame[o] kai poteo",意思是"我渴望,我祈盼"。欧弗洛尼奥斯可能在这里引用了希腊女诗人萨福的一首颂歌,在雅典会饮沉迷娈童之爱的圈子里,这位女诗人的同性之爱很受赞赏。无论所受的正规教育多么有限,画师们都知道荷马史诗在当时教育里的中心地位。当时几乎不存在系统性的学校教育,但到公元前6世纪末,雅典的"教育"模式使荷马史诗成了培养年轻公民读写能力的一种工具。

一般认为,荷马史诗创作于公元前8世纪末或7世纪初。可以想象,得益于僭主庇西特拉图成就之一的某种公共图书馆(bibliothêkê),一名陶瓶画师可能已经能接触到后来的各种史诗抄本,但更有可能的是,他对特洛伊传说的了解来自听说,不只是公开的诗歌朗诵,还包括舞台上的台词。因为正是在"先锋派"画师的全盛时期,被称为"城市酒神节"的雅典戏剧节开始发展成一种固定的传统。公元前499年,第一位被视为"经典"作家的雅典剧作家埃斯库罗斯首次上演了他的悲剧作品。在我们看来,埃斯库罗斯把悲剧定义为"荷马盛宴上的残羹冷炙"也许是一种偶然。更确切地说,在埃斯库罗斯的作品清单中,有基于《伊利亚特》第16至24卷写成的《四部曲》(三部系列悲剧,外加一部风格较轻快的《萨提尔戏剧》);另外要单独交代的,是一部叫作《卡里亚人》或《欧罗巴》的戏剧,幸存下来的一些片段表明,这部作品以吕基亚为背景,从当地人的视角讲述了萨尔珀冬的故事。

我们稍后再来讲埃斯库罗斯(见P175)。这个时候,为不熟悉荷马史诗的读者简要介绍《伊利亚特》可能是必要的。从一开始，荷马就宣布故事的主题是"阿喀琉斯的愤怒"，并在开篇描述了一场围绕着集结在特洛伊城外的希腊军队的争斗。在阿伽门农带领下，希腊人（在荷马史诗中通常被称为"阿凯亚人"）正试图夺回墨涅拉俄斯（阿伽门农的兄弟）的妻子海伦。海伦被帕里斯，也就是特洛伊国王普里阿摩斯的一个儿子拐走了。在珀琉斯和忒提斯（阿喀琉斯的父母）的婚礼上，三位女神恶作剧般举办了一场选美比赛，帕里斯作为裁判判定获胜者为阿芙洛狄忒，并声称海伦是女神为此给他的奖品。当荷马讲述这个故事时，希腊人的远征时间显然超过了预期，除了战争本身，指挥危机的出现也是原因之一。因为一件看似无关紧要的事情（关于战利品的分配，尤其是一个名叫布里塞伊斯的侍女），阿喀琉斯与阿伽门农发生了争执，前者威胁说要带领他的密耳弥冬军队撤离战场。在没有他的情况下，战争仍在继续，特洛伊人看起来可能会取得胜利。他们在萨尔珀冬带领下突破了希腊人的防线，并开始焚烧由"1000艘船"组成的希腊舰队，这个舰队曾载着希腊人横渡爱琴海。

就在此时，帕特洛克罗斯登场了。他的故事在史诗中过于独特，因此常被人认为是一首独立的诗篇，即《帕特洛克罗斯之歌》（Patrokleia）——不仅象征着他的主角身份，也象征着"帕特洛克罗斯的荣耀"。帕特洛克罗斯与阿喀琉斯就像兄弟一样被抚养长大。如果考虑到叙事的合理性，两人的关系一定十分亲密，但荷马对此含糊其词。而另外一些材料中明确提到了他们的同性恋关

图27：一只红绘基利克斯陶杯的细部，约公元前500年，来自武尔奇。签名的陶工是索西亚斯，画师则众说纷纭——"索西亚斯画师"、柏林画师、欧西米德斯。陶杯的内部图像并未画我们熟知的《伊利亚特》里的故事，而是暗示了帕特洛克罗斯（爱者，蓄须者）与阿喀琉斯（被爱者）之间的同性恋关系。阿喀琉斯从同伴的手臂上拔出一个箭头；帕特洛克罗斯的脑袋偏向一边，用脚抵住圆形空间的边缘，暗示他没有使用麻醉药。柏林，文物博物馆，编号F2278。

系（图27，埃斯库罗斯《四部曲》中的《密耳弥冬》，就是这些资料之一）。帕特洛克罗斯听从了老将涅斯托耳的建议，并对他的朋友间难以平息的宿怨表示惋惜。他告诉阿喀琉斯，他打算向所有人证明，他们俩待在帐篷里不出去并不是因为怯懦。让他带领密耳弥冬人出战，去击退特洛伊人；让他穿上朋友的盔甲去战斗，让特洛伊人以为杀神一般的阿喀琉斯重返战场，并因此惊慌失措。

阿喀琉斯同意这次冒险，不过他提出了一个带有警示意义的附加条件：帕特洛克罗斯可以援救希腊舰队（阿喀琉斯率领的舰队应该停泊在近海，正准备远航），但绝不能为了追求荣誉忘乎所以，以及追击特洛伊人。阿喀琉斯知道，如果自己继续留在特洛伊，注定要早早地死去。他已经宣布将返回色萨利老家，就此度过余生，放弃他的英雄之名。（《伊利亚特》，9.415-6）事实上，阿喀琉斯并不太关心特洛伊，更不关心"特洛伊的海伦"会遭遇什么。

密耳弥冬人就像一群愤怒的马蜂。野蛮且习惯集体行动的他们甚至可能没有意识到，精神百倍地率领他们把特洛伊人逐出希腊营地的是帕特洛克罗斯，而不是阿喀琉斯。特洛伊人遭遇了一场血腥的溃败，帕特洛克罗斯当然无法抵抗追击的诱惑。当来自吕基亚的盟友萨尔珀冬奋起抵抗时，特洛伊的保护者赫克托耳已经乘着他的战车逃跑。帕特洛克罗斯与萨尔珀冬之间的决斗必然毫无悬念。战斗本身持续的时间并不长，但正如我们将要看到的那样，这场战斗导致诸神就特洛伊问题爆发了争论。萨尔珀冬倒下了。到目前为止,帕特洛克罗斯已经至少杀死了12名特洛伊人或吕基亚人,但他远远没有得到满足,萨尔珀冬之死更助长了他的杀戮欲望。诗人提醒我们注意阿喀琉斯的警告。帕特洛克罗斯现在的行为表明,愚蠢的他似乎根本不明白自己的厄运。如果这是一场悲剧,这种咄咄逼人的狂热将被视作狂妄自大。

帕特洛克罗斯的杀戮名单中又增加了9个人的名字,当赫克托耳追上他时,他似乎正打算攻打特洛伊的要塞。很快,帕特洛克罗斯用石头砸死了赫克托耳的车夫。在随后围绕车夫尸体的争夺战中,帕特洛克罗斯遗失了一些盔甲,还被一个名叫欧佛尔布斯的特洛伊年轻人刺穿了肩胛骨。当他在地上挣扎着爬行的时候,赫克托耳终于找准机会杀死了他。如果我们忘记了他身上的盔甲属于阿喀琉斯,现在就会被提醒。赫克托耳对它的占用被描述为"ou kata kosmon"(《伊利亚特》,17.205),这是一个古希腊短语,翻译成现代习语是"失序",听起来会有些古怪。帕特洛克罗斯临死之前预言,赫克托耳的死亡也即将来临,他"将死在珀琉斯那举世无双的儿子阿喀琉斯手里"。

这是必然的,要知道与阿喀琉斯对赫克托耳的愤怒相比,他对阿伽门农的愤怒显得微不足道。史诗因此得以继续。它的结局不是攻占特洛伊,在那之前,还会有更多人必须死去,包括阿喀琉斯。其他诗人在讲述时会采用各种不同的叙事线索(在荷马前后,存在多少关于萨尔珀冬—帕特洛克罗斯—阿喀琉斯—赫克托耳这一系列的故事情节仍然未知,但我们不必为此困扰)。荷马满足于遵循他的主题，即阿喀琉斯所追求的暴力复仇，以及一种为帕特洛克罗斯和赫克托耳举行葬礼的决心。在他所描述的行动抛物线中——一场持续了10多年的战争中的50天左右——萨尔珀冬之死可能被视为一个高潮，或者至少是一个重要时刻，由此引发了一系列不可避免的复仇事件。当萨尔珀冬死于帕特洛克罗斯之手时，赫克托耳必须杀死帕特洛克罗斯；接着，阿喀琉斯又不得不杀死赫克托耳。最终，这变成了一连串疯狂的自杀行为。

当我们审视《伊利亚特》中萨尔珀冬的形象时，会发现并不复杂。一份关于特洛伊及其盟友参战人员的清单，就能大致确定他在战争中的形象。(《伊利亚特》，2.876-7）从此以后，萨尔珀冬就表现得很勇敢和大胆，并一直鼓励他人也这样做。他在史诗中第一次出现时，特洛伊人正准备向希腊人发起进攻，阿喀琉斯还在愤怒中。萨尔珀冬说的第一句话，就是对赫克托耳和特洛伊国王普里阿摩斯子孙们的斥责：他们似乎在战斗中退缩了。因此，萨尔珀冬不仅说自己是特洛伊人的盟友，还提到他从吕基亚王国远道而来，他离开家乡的桑索斯河，撇下了妻子、尚在襁褓中的儿子以及"许多正被大量穷邻居觊觎的财产"(《伊利亚特》，5.481）。这些话表明他是一个顾家的人，为了帮特洛伊人一个大忙才来到这里参加战斗，而为自己赢得荣耀只是顺便为之，且无甚必要。

萨尔珀冬是宙斯的儿子。事实上，他还是宙斯在特洛伊仅有的子嗣（如果我们不考虑引起战争的海伦——她是勒达与变成天鹅的宙斯结合的产物）。荷马提到英雄时，常用的一个修饰词是"antitheos"，通常可以翻译成"像神一样的"，但从字面上来看，更应该理解为"敌得过神的"，这个词在形容萨尔珀冬时有特殊含义。这位吕基亚国王带有神的基因。而荷马很快就让我们意识到，当萨尔珀冬主动加入特洛伊战争时，就注定将会出现一次亲族内斗的危机。正如荷马所说，萨尔珀冬首次参加战斗，便遭遇了来自罗德岛（地理位置距离吕基亚海岸不远）的一支希腊军队的领袖特勒波勒摩斯，而特勒波勒摩斯是赫拉克勒斯之子。由于赫拉克勒斯也是宙斯之子，这样一来，对垒双方就成了只隔一代的亲戚。不过他们之间并无亲情可言。荒唐的是，特勒波勒摩斯还按照史诗中英雄互相挑衅的惯例，辱骂萨尔珀冬是懦夫。双方同时掷出了他们的长矛。萨尔珀冬的长矛刺中了特勒波勒摩斯的脖子，后者当场毙命。萨尔珀冬则被刺中了大腿（见图25），伤势严重，甚至在被抬出战场时已经晕厥。诗人用这段情节发出了一个重要信号。在北风之神波瑞阿斯的吹拂中，萨尔珀冬从昏迷中苏醒过来，逃过了一劫，但在他向赫克托耳求助时，他已经预感到自己最终将会死在特洛伊。在说到"他的父亲（宙斯）使他暂时免遭死亡"（《伊利亚特》，5.662）时，荷马用了一个生动的小副词"eti"，意思是"然而"或者"暂时"。命运只是推迟了，但并未消失。这是一种"预示"。我们知道萨尔珀冬在害怕什么，他担心自己再也没有机会见到他的妻子、幼子，以及桑索斯河畔的肥沃平原。

我们再次见到吕基亚的国王时，他被刻画成了一头已经很久未捕获猎物的狮子，在饥饿的驱使下甚至冲向了守卫严密的羊群。（《伊利亚特》，12.299）但他会独自攻击希腊人的营地吗？萨尔珀冬遇到了一位名叫格劳克斯的远亲，他是希波罗科斯之子。这个格劳克斯肯定有点儿犹豫，因为萨尔珀冬发表了一通激动人心的演说：

"格劳克斯啊，"他说，"为什么吕基亚人要用宴会上最好的席位、头等肉肴和满斟的美酒敬重你我？为什么人们视我们如神明？为什么我们会成为桑索斯河畔那么密布的大片果园、盛产小麦的肥沃土地的主人？考虑到这些，难道我们现在不应该站在吕基亚人的最前列，坚定而无所畏惧地投身于激烈的战斗吗？只有这样，披甲的吕基亚人才会在讨论他们的国王时这样说道：'虽然我们的首领享用他们治下土地出产的好肉，啜饮上乘甜酒，但他们给国家带来了荣耀。他们作战勇敢，战斗时冲杀在吕基亚人最前列。'啊，我的朋友，倘若躲过这场战斗便可长生不死，那我既不会身先士卒，也不会派你去战场赢得荣耀。但事实并非如此。死神无处不在；任何人都无法从他手中逃脱，也别想骗过他。那么，就让我们奋勇向前吧，不管我们把荣耀带给别人，还是为自己赢得。"（《伊利亚特》，12.310-28）

享有"贵族"身份的人常常无法证明他们配得上这种身份。萨尔珀冬的发言引人注目，因为他对获得利益而需要承受的风险进行了赤裸裸的计算。土地、财富、"特权"都不是继承而来，而是凭本事赢来的。显赫的社会经济地位直接仰赖于出色的力量、勇气和战斗技巧。当然，萨尔珀冬的话还有更深层的含义。他提到作为"最前排的"战士参加的战斗，符合"荷马式"战争的特点，即两军交战时一般步兵居中，两侧由战车作为侧卫。不过，这可能会让任何有义务参加"重装步兵方阵"的公民感同身受——这种作战模式从公元前8世纪开始就一直盛行于希腊，直到公元前330年左右才随着马其顿对希腊的征服而消亡。方阵的成功依赖于全体士兵的决胜之心。然而，这也把发挥个人英雄主义的机会自然地留给了站在阵列"最前排"的战士，尤其是那些志愿站在第一排的战士。在萨尔珀冬陶瓶诞生前约10年，一位名叫克罗伊斯的年轻阿提卡战士被立像纪念（见图29），雕像基座上的铭文说他阵亡于"阵列第一排的战斗"。在这个意义上，萨尔珀冬对他的远亲格劳克斯说的那一番鼓舞人心的话，可以作为招募新兵或战斗前的动员令来用。发言者并非要求人们自"死亡或者荣誉"中做出选择，而是给出了至高的承诺："不惜一切代价赢得荣誉，哪怕战死。"

我们认为如果让萨尔珀冬凭恃神圣的血统向他的天神父亲求援，就将完全背离他的贵族精神。死神必然会降临，他与其他人都概莫能外。所以，这段话的另一个重要之处就在于向我们预示了荷马史诗第16卷中提到的神界危机。显然，萨尔珀冬比他的神明父亲更清楚地意识到了自己必死的命运，当宙斯断言他将会很快死在帕特洛克罗斯之手时（《伊利亚特》，15.167），他已经有过两次"濒死体验"。他的命运即将来临，似乎也无法逃脱。

在密耳弥冬人的支持下，帕特洛克罗斯气冲斗牛，特洛伊人纷纷逃窜，而萨尔珀冬却展现出了他一如既往的勇气，奋起抵抗。他痛斥那些逃跑和吓破胆的人，并为他们感到可耻。然而，有人胆敢与他一同抵抗吗？

在这个节骨眼上，荷马的叙述转向了诸神（当时，他们正在附近萨莫色雷斯岛的高处观战；据说如果不是他们从中作梗，根本不会有特洛伊战争，天下也会太平）。宙斯喊道："哦，我的儿子，我的萨尔珀冬啊！"他称萨尔珀冬为"philtatos andrôn"，意为"最受宠爱的人"或者"我最喜欢的人"（《伊利亚特》，16.433）。他的这个儿子命中注定要死在帕特洛克罗斯手中。然而宙斯是全知全能的，也是最强大的神，如果说他已经从鬼门关前救了他的爱子两次，为什么不能再救一次呢？

荷马在这个问题上的戏剧化处理令人着迷，部分原因来自我们可以将他看作一个"扮演神明"的叙述者。荷马，一位诗人，会让萨尔珀冬活还是死？这个关键的选择引发了公元12世纪的学者，即来自塞萨洛尼卡的尤斯塔修斯的兴趣。他看到了其中的核心意义：（理查德·杨科认为）"《伊利亚特》中发生的每一件事几乎都出自神明之手，但人们却可以在完全不提到神明的情况下，清楚地叙述史诗的全部情节"，对任何试图理解这一核心悖论的人，这都是一个关键部分。一些古代评论家（从公元前2世纪亚

史诗的教育意义　111

历山德里亚批评家阿里斯塔克开始）认为荷马可能不是这些史诗的真正作者，因为它的神学味道看起来过于淡薄。我们显然应该避免这样一种伪基督教式的解释：在任何地方，荷马都没有暗示宙斯为了拯救全人类而献出了他的儿子。尽管在萨尔珀冬与帕特洛克罗斯交战前降下的血雨到底是某种预兆还是宙斯哭泣的标志，目前尚不得而知，但荷马确实说宙斯动了"恻隐之心"（《伊利亚特》，16.431），也有悲伤的征兆。全知全能的宙斯深受打击，犹疑不定。这里的戏剧化困境在于：宙斯在情感上是一个父亲，但又得像神明那样做出选择。他的妻子赫拉并没有指责他偷情（萨尔珀冬的母亲有可能是拉奥达墨娅或者欧罗巴，但肯定不是赫拉）。赫拉似乎也一点都不讨厌萨尔珀冬（她对赫拉克勒斯的厌恶可是出了名的）。相反，她告诫宙斯，如果他现在公开帮助萨尔珀冬的话，诸神也会像他那样去关照自己正在作战的儿子。这样一来，神界将会大乱，因为各种各样的战士都会逃脱他们必死的命运。因此，她劝她的丈夫允许萨尔珀冬战死。如果他真的非常关心这个凡人，可以派睡神和死神将萨尔珀冬的遗体送回吕基亚，这样他就能得到一个体面的葬礼。

　　柏拉图认为这一段的问题在于赋予了诸神太多的情感（《理想国》，388B-C）。而后来的斯多葛派哲学家则提出这段故事拥有更积极的意义。他们认为，我们所谓的"命运"就是宇宙秩序，神明制定了这些秩序，但他们也必须遵守。因此，在允许萨尔珀冬死亡时，宙斯本人也展示出了至高的勇气（西塞罗：《论预言》，

2.25)。《伊利亚特》的大部分读者可能都乐于接受荷马的世界观，具体而言，也就是"神人同形同性论"。这种观点认为，世界由类似于人类的神明统治着，即便是宙斯，也有义务听取诸神组成的"议事会"的意见。

回到战斗现场。如前所述，萨尔珀冬与帕特洛克罗斯之间很难称得上发生了一场"史诗般的"战斗：它几乎是反高潮的。萨尔珀冬扔出的第一支矛未能刺中帕特洛克罗斯，但刺中了他的一匹马；他扔出的第二支矛从帕特洛克罗斯左肩上方飞过，未能造成任何伤害。而帕特洛克罗斯先是杀死了萨尔珀冬的侍从特拉叙麦罗斯，紧接着又将长矛插入了萨尔珀冬的胸膛。吕基亚人的倒下被比作一棵大树被伐倒，橡树、杨树、松树，就是那些造船用的木材；或者，如果这不够生动的话，还可以说像是一头公牛被狮子扑倒。萨尔珀冬弥留之际最后的话，是请求他的远亲格劳克斯继续战斗，以防止希腊人夺走他的铠甲（这肯定是一处精巧的伏笔，因为在后来为帕特洛克罗斯举行的葬礼上，萨尔珀冬的铠甲将成为赛会比武项目的奖品：《伊利亚特》，23.798-80）。

然而格劳克斯受了箭伤，也做不了什么。不过，他还是将萨尔珀冬战死的消息带给了特洛伊人。赫克托耳和埃涅阿斯站了出来，他们联合起来前去保卫萨尔珀冬的遗体。此处，荷马用了一个有点儿恶心的比喻说道：争夺尸体的战士就像马厩里的苍蝇，成群地围着牛奶桶嗡嗡作响。因此，尸体的状况很糟糕——"即便是最有眼力的人现在可能也无法认出宙斯之子萨尔珀冬"（《伊利亚特》，16.638）。宙斯干预的时机到了。明白宙斯的心意后，赫克托耳命令特洛伊人撤退（帕特洛克罗斯得意洋洋地夺走了萨尔珀冬的铠甲）。宙斯听从了赫拉说过的话，吩咐阿波罗来代他行事：

> 快，我亲爱的福玻斯啊，去把萨尔珀冬的遗体移至矢石之外，擦去黑色的血污，再将他带到远方，仔细用河水洗净，然后抹上油膏，穿上不朽的衣袍。在这之后，为了能让他更快回家，把他交给睡神和死神这对孪生兄弟，他们会把他迅速送回辽阔富饶的吕基亚王国。在那里，他的亲友将为他举行葬礼并建墓立碑，因为那是一个死者应得的尊荣。(《伊利亚特》，16.667–75）

现在，我们知道欧弗洛尼奥斯必须把一只陶瓶呈现的视觉效果压缩到什么程度了。我们可以提醒自己，他是在一只陶瓶上作画，而不是绘制一份华丽的手稿。从公元前8世纪的"几何陶时代"开始，古典考古学者就一直在争论荷马对希腊造型艺术的影响到底有多大：一个明显的问题是，我们无法假定萨尔珀冬之死到欧弗洛尼奥斯的时代已经被奉为"经典"文本。但我们不妨先认为，这些叙事细节与我们从后来（大约在公元前2世纪）才形成定本的《伊利亚特》中了解到的内容差不多。艺术家在多大程度上"偏离了"我们熟知的文本？原因何在？

这是体现荷马天才的一步，通过萨尔珀冬的惨死，他使两条独立的叙事线索交汇了。首先，萨尔珀冬的遗体被救回，抚慰了作为父亲的宙斯；其次，遗体被送回吕基亚接受人们永久性的崇拜，又满足了萨尔珀冬本人的愿望，预示着永恒的荣耀。这也是体现欧弗洛尼奥斯天才的一步，他找到了综合这些考量与其他内容的方法。可是，让我们从最明显的问题开始：为什么他将阿波罗换成了赫尔墨斯？阿波罗支持特洛伊人，与医药有关，同时也是一位与吕基亚地区有密切联系的神祇，完美符合荷马笔下宙斯分配给他的任务要求。不过，艺术家不得不考虑基本的布局逻辑问题。在大约公元前500年的经典希腊神像中，阿波罗通常被刻画成一个年轻、英俊、健壮、宽肩、长发的男子。换句话说，这一形象正是欧弗洛尼奥斯设想中萨尔珀冬的样子。在这里，萨尔珀冬必须是体格巨大的形象，原因稍后再说。而相较之下，阿波罗可能就小得有些滑稽。因此，欧弗洛尼奥斯擅自——如果这么做是合理的话——用赫尔墨斯替代了阿波罗（我们都知道，其他艺术家或者实际上就是当时的一些荷马史诗吟诵者可能已经这么做了）。无论如何，这都是一个经常会被选择的替代方式。赫尔墨斯在视觉和神学上都是完美的候选者。在视觉上，他的形象很容易辨认（见图24）：长着胡须，披着旅行者的斗篷，戴着宽边帽，脚踝上长着翅膀，手里拿着一根特别的手杖（双蛇杖或者节杖）。而在神学上，他为旅行者提供的服务延及死者：他的绰号"灵魂护送者"，意味着他将会陪同亡灵走完从这个世界到另一个世界的路。

至于"睡神"和"死神"在这段故事中的传统形象，也有待

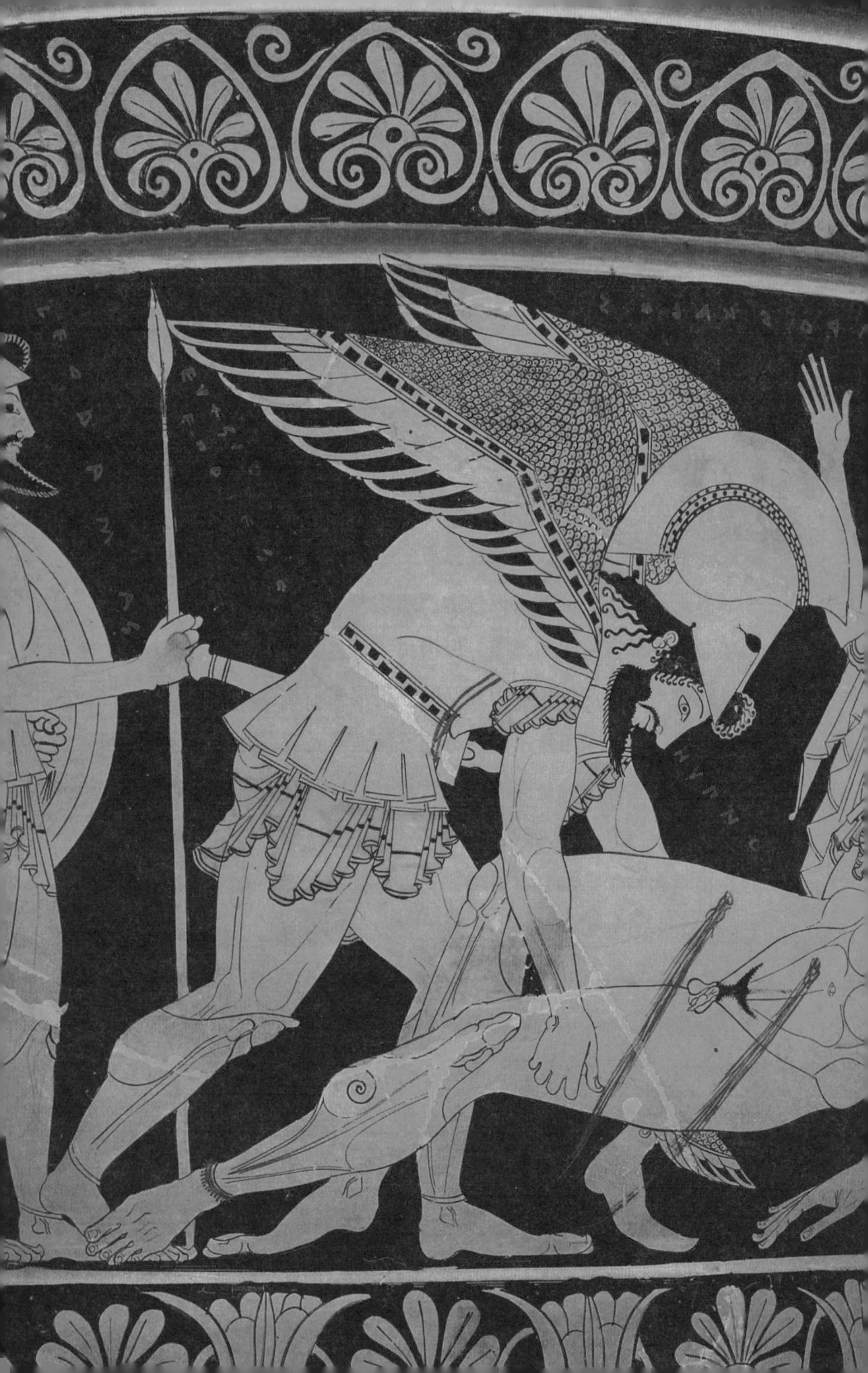

进一步讨论（见P150）。这里只能看到，荷马并未描述他们的长相，实际上也未能说清楚他们在从特洛伊平原带走萨尔珀冬遗体时起到的作用。与之相比，欧弗洛尼奥斯详细地描绘了他们的形象，就连翅膀的鳞屑和齿状都清晰可见，使其看上去就像正在积极工作的护理人员。尽管为了不影响视线，他们的科林斯式头盔并未放下来，但他们仍然全副武装，貌似随时准备作战。他们没有放遗体的担架，所以任务并不轻松。两人都弯着腰，努力想要抬起萨尔珀冬的遗体：从右手手指来判断，睡神实际上已经脱手了（图28）。

萨尔珀冬仍然穿着护胫甲，但他身体的其余部分清晰可见，而不是被套在一件"不朽的衣袍"中，这都是因为绘画者想让我们看到他。萨尔珀冬伤口涌出的鲜血呈对角方向，会让人产生一种向上和向右快速流动的感觉；赫尔墨斯的手势也可以理解为一种急切的鼓励，因为他也向右移动着。但为什么会有这么多伤口，又为什么会如此夸张？答案不在于荷马史诗本身，而在于艺术家呈现故事轮廓的方式。如荷马所说，萨尔珀冬的遗体已经面目全非，无法辨认。如果一个艺术家也想向我们展示一名英雄落难后的形象，他该如何描绘其受损的遗体呢？显然，一种手段是增加一些血痕。根据现代认知反应学，每一个观众在看到这些伤口时都会不由自主地感到难受，并心生同情。但我们也要承认，欧弗洛尼奥斯以最不自然的方式吸引了我们的注意力。在没有担架的

图28：萨尔珀冬陶瓶的细部：睡神修普诺斯。切尔韦泰里，考古博物馆。

情况下将遗体抬起来十分棘手,但用这样的方式摆布遗体,却使我们能看到死者的大部分正面,以及遗体在水平角度伸展时奇迹般地绷紧了。萨尔珀冬的右臂垂下且呈对角方向,与血痕保持一致。然而,由于萨尔珀冬的长发不受地心引力影响,我们得以欣赏到他高贵的侧脸。至于他身体的其他部分,也是一个有待检视的奇迹。就像今天任何一种《时尚健康》(男士版)杂志的封面,运动员式的六块腹肌是画面的核心;而包括紧凑的生殖器在内的其他部分的比例,都与欧弗洛尼奥斯后来将在雅典看到的雕塑类型很相似,甚至更接近于我们称之为"库罗斯"或"青年"形的雕像风格(图29)。

不存在年长甚至是成年的"库罗斯"型雕像:这将是一个语义悖论。因此,即使在象征一位老人的坟墓时,"库罗斯"形雕像也代表了逝者是年富力强、肌肉发达以及没有胡须的。这是在死后获得英雄地位的人变形过程的一部分;也可能是为什么欧弗洛尼奥斯在这里选择将萨尔珀冬画得就像是一个十几岁的"埃弗比团成员"(一个对比选项,见图37)的原因。

同样的英雄变形过程,或许也可以解释萨尔珀冬巨大的遗体。显然,如果萨尔珀冬被竖着扶起来,他会比陶瓶上的其他人都要高;事实上,他将会超出画面之外。当我们思考这种大小差异的

图29:"阿那维索斯的'库罗斯'形雕像"——克罗伊斯的大理石雕像,来自阿那维索斯,约公元前530—前520年。基座上的铭文写道:"在死去的克罗伊斯的纪念碑前站立并哀悼,当他在战阵前排作战时,愤怒的战神阿瑞斯摧毁了他。"高1.94米。雅典,国家考古博物馆,编号3851。

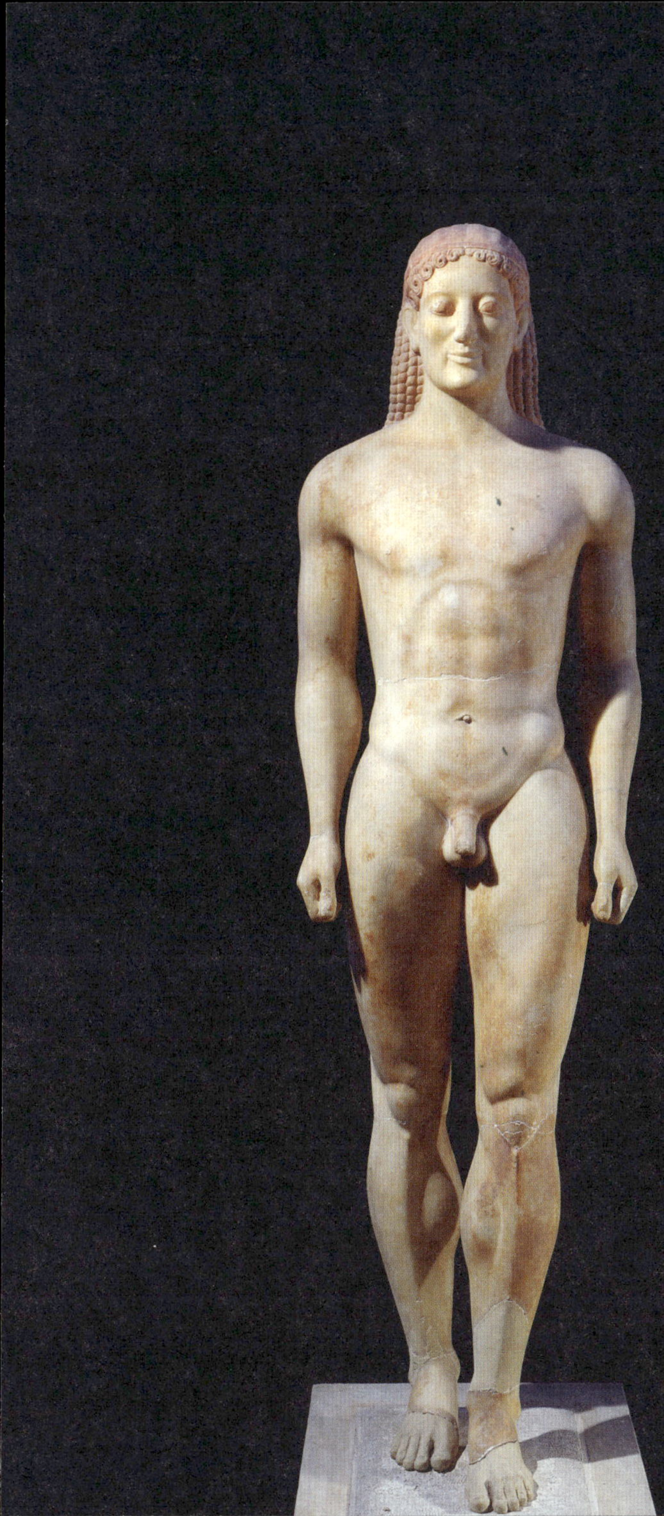

内涵时，古代历史和术语中的若干知识点可能会对我们有帮助。首先，我们注意到，"身体"一词在荷马手中并不完全像我们理解的那样。"demas"暗指"形式"或"框架"；它很少用于女性，几乎从不用于动物。其次，"phyê"一词也主要用于形容男性的外表。这两个词都有一定程度的生理效应，而当一个人被剥去衣服时，这种效应最明显[希腊语"gymnos"是"gymnasium"（体育馆）的词源，它表示"赤身裸体的"，但也有"不穿盔甲"的意思，因此便是"易受攻击的"]。

在两人巅峰对决中，当阿喀琉斯开始剥去赫克托耳的盔甲时，所有围观者都知道赫克托耳已死。然后，其他希腊人围了过来。他们的第一反应是"吃惊地注视着赫克托耳伟岸的身躯和俊美的容颜"（《伊利亚特》，22.370）。他们将继续为遗体增加一些无端的伤口，虽然"无端"，却并非不符合史诗的逻辑。因为这种行为表明，"遗体的毁损"是对《伊利亚特》主题的一次调整。格劳克斯代表萨尔珀冬首先表达了这种担心（《伊利亚特》，16.545），高潮则是阿喀琉斯疯狂凌辱赫克托耳的遗体，而在帕特洛克罗斯的葬礼过后，普里阿摩斯前来恳求阿喀琉斯归还儿子的遗体时，这种情绪终于冷却下来。对这一主题的调和，可以解释为什么欧弗洛尼奥斯在萨尔珀冬身上增加了额外的伤痕。如果他知道帕特洛克罗斯用一根长矛杀死了萨尔珀冬，他也一定知道在宙斯介入之前，萨尔珀冬还会遭受进一步的伤害；这就是宙斯介入的原因。从史前时代开始，用适当的旧伤为死者增添荣耀，恰恰是希腊文化的中心要旨。

搬运萨尔珀冬遗体是一个超自然事件，因此不应该从字面上进行审视。但是，读者可能想知道为什么是睡神和死神——且不说他们通常的工作搭配（见P151）？博学的评论家菲罗斯特拉图斯就曾面对这个问题，大约在公元200年，他写了一篇关于荷马笔下的英雄和英雄崇拜的对话：《论英雄》(*The Heroikos*)。菲罗斯特拉图斯了解萨尔珀冬的吕基亚血统和神族血统，他确信萨尔珀冬会"像荷马所描述的那样"死去，并把萨尔珀冬战死时的年龄定在"约40岁"。他提到，萨尔珀冬的同胞们在特洛伊与吕基亚之间举行了送葬游行，途中展示了他的遗体。菲罗斯特拉图斯还补充说，遗体经过了精心地清洗和处理，萨尔珀冬"似乎只是睡着了——这就是为什么荷马说睡神修普诺斯把他带走了"(《论英雄》，39.4)。

欧弗洛尼奥斯似乎预料到了这种"合理化"的解释：至少，他画中的萨尔珀冬被置于幸福的平静中，而非临终的痛苦抽搐中。知名的丈夫和父亲都以未长胡子的青少年形象出现，这并不奇怪：因为当谈到英雄"迷人的死亡"时，死亡其实意味着一种变形和重生。至于遗体的大小，菲罗斯特拉图斯为我们做出了进一步的探查。在他想象的对话中，有一个参与者怀疑是否曾经有过一个时代，"男人的身高超过十腕尺"。一腕尺是指肘部到中指指尖的距离，通常被认为是46厘米，借此判断，一位荷马英雄的身高应为4.6米。这一结论的真实性不免令人生疑。但很快，在特罗阿德地区和其他地方发现的巨型人体骨骼，就让这一切怀疑烟消云散了。据我们所知，博学的哈德良皇帝曾见过一个有11腕尺高的人的骸骨，这副骸骨发现于特洛伊附近沿海，被认为属于埃阿斯，人们后来又虔诚地把他安葬在了那里（《论英雄》，10.1）。菲罗斯特拉图斯（他本人来自附近的利姆诺斯岛）也知道一个著名的事件：大约在公元170年，一些巨大的骨头从西盖翁海角崩塌的悬崖上露了出来。由于这里是传说中阿喀琉斯的埋葬地，所以这些就被当成了这位英雄的遗骸。

我们可能会认为这种天真的轻信很好笑，但古代既没有关于恐龙的研究，也没有巨型动物化石的年代表。鉴于荷马说过，他的英雄都有巨大的体形（埃阿斯尤其如此：《伊利亚特》，3.226），当已经灭绝的大型脊椎动物化石被发现之后，人们很自然就会认为这些似乎就是巨人曾经存在过的证据。而在荷马的想象中，他们不仅真的存在，而且还能把巨大的岩石举起，像扔鹅卵石一样投掷出（《伊利亚特》，12.445）。由于某些被发现的骨头与人骨非常相似，我们能够分辨出的中新世乳齿象膝盖骨，才被人们真的当成了埃阿斯的膝盖骨（它的尺寸与少年五项全能比赛用的铁饼尺寸相同，见帕萨尼亚斯：《希腊志》，1.35.3）。同样的推理也适用于神话中的怪物。因此，一位罗马将军在摩洛哥发掘出土的一些巨型骨架，才被认为是巨人安泰俄斯存在过的证据（普鲁塔克：《希腊罗马名人传·塞尔托里乌斯》，9，见图13）。希罗多德的作品（《历史》，1.67）中记载过这种故事，它表明，公元前500年左右的雅典人对英雄时代的"实际状况"也有着同样的认知。

和英雄时代的主角攀亲戚并不稀奇。公元前6世纪，雅典的僭主庇西特拉图就把自己与荷马笔下在特洛伊作战的最受敬仰的战士涅斯托耳联系在一起；或许当时这位战士在皮洛斯宏伟的宫殿遗迹还清晰可见。而在雅典民主制度下，让埃阿斯成为10个拥有投票权的"部落"之一的奠基者，有着政治上的好处，因为他来自萨拉米斯，这是一个在与麦加拉城邦发生争端时被雅典吞并的岛屿。与此同时，在形而上学的层面，哲学家—灵性导师毕达哥拉斯正在向他的信徒灌输轮回转世的概念，即灵魂的复生。他声称自己是第一个打伤帕特洛克罗斯的特洛伊青年欧佛尔布斯的魂灵化身，并补充说，在阿尔戈斯的赫拉神庙进行展示的所谓欧佛尔布斯之盾，是他以前的"私有物品"（《希腊志》，2.17.3）。

我们对欧弗洛尼奥斯及其赞助人的个人信仰和家庭关系一无所知，不过要想理解萨尔珀冬陶瓶上的图像，以及雅典陶瓶画师在欧弗洛尼奥斯时代创作的肖像作品，英雄文学和英雄崇拜的背景是必须掌握的知识。黑绘陶画的前辈埃克塞奇亚斯在研究了处于孤独自杀边缘的埃阿斯后，向我们展示了一个英雄的"生平故事"是如何被浓缩在一个视觉瞬间的。而几位红绘陶画的继承者，尤其是被称为"奥奈西摩斯"和"克莱奥弗拉戴斯"的画师，则在有限的陶瓶表面，成功再现了多个史诗背景中的事件，诸如"特洛伊的陷落"（见图6）。我们所知的最早的两位雅典艺术家——画师克莱提亚斯和陶工埃戈迪莫斯，为我们展示了作为礼器的陶瓶如何容纳复杂的史诗传统。他们的著名杰作"弗朗索瓦

图30：弗朗索瓦陶瓶的细部，约公元前570年：埃阿斯扛着阿喀琉斯（他的名字是倒着写的）的遗体。阿喀琉斯死亡的完整故事可见于《厄提俄皮斯》（*Aithiopis*），这是古风时代的"史诗集"中的一首诗歌（大部分已经散失）。佛罗伦萨，考古博物馆。

陶瓶"，为观众提供了一种呈现"盛宴"主题的可能性，而其中之一便是面对英雄尸骸的沉思（图30）。

欧弗洛尼奥斯不太可能见过这幅画。但在另外一只必定与萨尔珀冬陶瓶大小相仿的陶瓶上，他绘制了埃阿斯救回倒下的阿喀琉斯的场景。虽然只有很少的残片幸存下来，但其中一块不仅足以使我们将其归于欧弗洛尼奥斯名下，而且还能由此推想出绘画的很大一部分（图31）。埃阿斯把留着胡须的阿喀琉斯的尸体扛

图31：一只花萼状陶瓶残片，据说由欧弗洛尼奥斯所绘，约公元前515—前510年。盖蒂博物馆一只保存状况不太好的基利克斯陶杯（77.AE.20）表明，欧弗洛尼奥斯在职业生涯早期尝试过同样的主题，并在画中加入了阿喀琉斯的母亲忒提斯和他的老师菲尼克斯。这里只能看到名字[AI]AS的最后两个字母，也就是"Ajax"。高约15厘米。以前收藏于普林斯顿大学艺术博物馆，目前收藏于罗马的朱利亚别墅博物馆。

在肩上，就像消防员救人时常做的那样。他靠长矛支撑身体，单膝跪地，腾出右手捡起阿喀琉斯的头盔，同时拿着他的盾牌。一条腿大步向前迈，另一条腿几乎跪在地上，给人一种置身战场的感觉。

荷马史诗中经常出现这样的一幕，英雄们要么威胁对手，声称要将其尸身丢给狗和秃鹫吃掉，要么互相恳求对方不要这么做。在萨尔珀冬陶瓶上，我们注意到两位年长的战士站在一边，好像是在致敬或守护一种虔诚和体面的行为。他们的名字就刻在上面：左面是莱奥达马斯，右面倒着写的是希波吕托斯。前者可能和"安忒诺尔之子拉奥达马斯"，即在战船旁的战斗中死于埃阿斯之手的特洛伊人（《伊利亚特》，15.516）有关。有趣的是，生活年代晚于荷马的一位作家认为，这个拉奥达马斯就是吕基亚人（昆图斯·斯米尔奈乌斯，11.20–1）。关于后者，人们认为他可能是格劳克斯之父希波罗科斯。无论如何，他们都是萨尔珀冬的战友或盟友。然而，陶瓶另一面画了些什么呢？假使另一面的人像与我们的英雄形象有关，那么这种关联又是如何产生的呢？

有人认为，我们把萨尔珀冬的图像"英雄化"是错误的，它描绘的其实更像是一具"被亵渎或毁坏的尸体"。希腊人乐于看到这幅图像，因为它展示了一位被打败而且来自异邦的敌人尸体；伊特鲁里亚人也乐于看到这幅画面，因为伊特鲁里亚是一个"喜欢品味这种血淋淋场景的地方"。不过，出于以下几种原因，这种看法并不可信。首先，我们不能忘记，尽管特洛伊人的吕基亚盟友萨尔珀冬不是希腊人，但他却是宙斯的儿子，因此，他很难和威胁希腊文明的蛮族敌人归为一类；其次，他也不像波斯人。尽管特洛伊战争有时会被拿来与希波战争相比，但几乎没有证据表明，任何时期的希腊人在"阅读"关于特洛伊的传说时会偏袒其中一方。即使对古典时代的雅典悲剧稍有了解，也足以使我们意识到，把希腊人与特洛伊人的战争视作典型的善恶之争在文化上是缺乏说服力的。同样，任何对希腊艺术哪怕只有一点点了解的人都会提醒自己，伊特鲁里亚人并不是一个喜欢欣赏表现鲜血的艺术作品的族群。

尽管如此，我们仍有必要追问，除了他那显而易见的贵族荣誉感外，是什么原因让萨尔珀冬成了一位英雄。一些学者（在让·韦尔南引领的浪潮之下）提出，古希腊人的"世界观"主要包含三个方面，即动物、人类和神祇，而表达这种等级制度的一种基本方式，便是人类杀死动物来祭祀神祇。不过虽然这些分类是固定的，也允许存在过渡性的实体，更不用说性行为（例如一位神祇以动物的形式与人交配）。英雄是那些中间的实体之一，也是一种次要的神祇，但正如荷马所言，尽管英雄上升为"半神"，但他们也可能下降到可怕的野兽水平；勇敢时像狮子，冲动时像狗，而固执时则像毛驴。

人们有时会引用"英雄规范"，就好像荷马笔下的每一位英雄都代表了一套"完整而明确"的价值标准，这些价值标准经常被人提到，但从未被详细分析过。特洛伊故事中的传奇主角们看起来就像现代都市里的黑帮成员，一心只想从他们的同辈，或者更确切地说，是从他们的下属那里寻求"尊重"（古代的说法是"timê"），因为每个英雄都想成为真正优秀的人，也就是"强于所有其他男人"（我们已经注意到，"阿凯亚人"作为一种广义的族群模式，指的是与特洛伊人交战的希腊人，因此成为"阿凯亚人中的佼佼者"是有英雄抱负的一种基本体现）。在参加特洛伊战争前，萨尔珀冬的远亲格劳克斯把父亲希波罗科斯给他的临别忠告总结为一条简单的箴言："努力做到最好。"（《伊利亚特》，6.208）但留心荷马笔下人物塑造的读者都知道，他故事中的人物充满了丰富的个性差异。事实上，如果没有这些差异，《伊利亚特》就会变成一份冗长乏味的杀人目录（《奥德赛》则会变成一部令人厌烦的游记）。在历史上，荷马的诗歌是否激发了同时代人对英雄的崇拜，或者现有的英雄崇拜是否激励了荷马将这些英雄变得更加有血有肉，我们目前仍然无法完全弄清楚。但无论如何，对英雄的正式崇拜，不管是不是荷马式的，都是一种众所周知的宗教习俗，而这种习俗广泛存在于欧弗洛尼奥斯同时代的希腊。欧弗洛尼奥斯可能知道在吕基亚有一种萨尔珀冬崇拜仪式（见P242）；荷马也可能知道这种仪式。然而，这和陶瓶另一面的其他人物又有什么关系呢（图32，也见于图a-c中的图b）？

在一个无法定义的空间聚集了四个青年。他们年轻的标志是没有胡子；有些人通过"络腮胡"来炫耀自己仅有的一点绒毛。他们右侧有一位年长者与他们站在一起。从左到右，每一个人都

图32：萨尔珀冬陶瓶B面的细部。注意，在Hipp[a]sos人像上方，是古代修复时留下的标志。切尔韦泰里，考古博物馆。

标有名字。第一个人叫"Hype[i]rochos"，左手拿着一把短剑，右手则在整理绑在头上的长丝带。第二个人是"Hipp[a]sos"，他把一面大圆盾当成脚踏板，俯身将一只青铜护胫甲装在左腿上。除此之外，他全身赤裸。传说中"美丽的莱阿格罗斯"写在他的上方。第三个人是麦东（也可能是麦贡），他好像已经准备好了，正在等待其他人。我们可以看到，他的盾似乎是整个团队的中心，上面有一个奇怪的图案——一只螃蟹正在吹笛子。第四个人是阿卡斯托斯（名字是倒着写的），他蹲在地上，好像要捡起盾牌（在重装步兵方阵中，他的盾牌需要与旁边的另一名战士重叠）。值得注意的是，除了护胫甲和一顶完整的头盔（处于揭开护面的状态），他只穿了一块缠腰布，连护胸甲都没穿。

第五个人是阿克西波斯（Axippos，倒着写作"Achsippos"），像麦东一样，他仿佛也准备好了，头盔向后倾斜着。从胡子来看，他应该比其他人年长。由于视线受阻，我们只能在一面带有蝎子标志的盾牌下，看到他外衣的边缘。他的嘴唇微微张开，好像在说话？作为一个人像，他看起来更像是"A面"的莱奥达马斯的镜像，而莱奥达马斯位于我们战士的左边（我们因此能看到他的盾牌内部以及他握盾牌的方式）。

能看到的情况就是这样。这意味着什么呢？可以对此列出一系列可能的解释：

（1）陶瓶的两面有着同样的时间和地点。也就是说，在陶瓶A面，萨尔珀冬死于传说中的特洛伊战役，被剥去了盔甲（除了护胫甲）；而在陶瓶B面，我们看到一些年轻的特洛伊人或者特洛伊的盟友，他们穿上盔甲，好像要追随萨尔珀冬的脚步踏上战场。然而他们并不像吕基亚人：至少作为一个群体，他们与荷马提到的吕基亚"步兵"不太一样（《伊利亚特》，5.677-8）。只有"麦东"符合荷马提到的一个特洛伊盟友的特征（《伊利亚特》，17.216）。

（2）陶瓶的叙事并未遵循时间顺序。也就是说，A面表现的是英雄在特洛伊牺牲的场景，B面展示的则是一群年轻的雅典人，也许他们不仅是欧弗洛尼奥斯同时代的人，还是他认识的人。

其他的解释可以再细分：

[a] 这些年轻的雅典人正在穿戴盔甲，为即将到来的军事行动

做准备。如果是这样,他们显然缺少护胸甲。

[b] 他们表明自己正在接受军事训练(每个年轻的雅典公民都被要求做好随时参加战斗的准备)。以下两种选择可以说就是这种训练的内容。

[c] 他们正在为埃弗比团(童子军)的准军事性体育训练做准备。重装步兵赛跑——"武装竞技"——似乎是一种可能,但对这种训练的描述表明,与会者不会携带武器。更有可能的是,他们在进行某种形式的模拟格斗,这种格斗当时已经成了雅典公民教育的一部分(《雅典政制》,42),等到"毕业典礼"时,年轻公民会被授予盾牌和长矛。在这一场景中,阿克西波斯是年长的指导者。

[d] 更有可能的是,我们在这里看到的是皮洛斯舞的主角,这种武舞由少年和成年男子在不同的场合表演。

解释(1)并不容易证实。这些名字是有问题的。陶瓶A面的"莱奥达马斯"可能与萨尔珀冬母亲的名字相呼应(当她被称为"拉奥达墨娅"时,参见P237),或者让人想起特洛伊人的一位首领,这位首领在战船旁的战斗中被埃阿斯杀死(《伊利亚特》,15.516-7)。至于"希波吕托斯",也就是同一面的图像中站在莱奥达马斯对面的旁观者,可能让人想起希波罗科斯,即萨尔珀冬的远亲格劳克斯的父亲。但在很大程度上,陶瓶B面人物的名字似乎与荷马的叙述无关。使问题复杂化的是,其中的麦东和阿卡斯托斯还与古代雅典的首席执政官同名(《雅典政制》,3.3)。欧弗洛尼奥斯希望他们是普通人吗，还是某些特别的人的？一些学者确信，这5个人都是公元前6世纪晚期的雅典公民。如果这一说法无误，那么他们不仅可能是画家的同时代人，甚至还可能是他的客户。

中央盾牌上的纹章很有趣。有人指出，螃蟹和蝎子都有一层保护壳，而萨尔珀冬显然没有。这两种生物都有攻击性，螃蟹伸出爪子的形象正好占据大圆盾的圆形空间。但会吹笛子的螃蟹呢？在这里，欧弗洛尼奥斯可能暗指一个吹笛子的习惯用语——"做螃蟹"，这个比喻反映了快速演奏者伸出的"掐"指。*尽管盾牌的图案很不寻常，但这并不是希腊艺术中唯一一幅海洋生物吹笛子的图像（音调悦耳的蝎子也很有名）。但它能帮助我们确定某种意义吗？

螃蟹有天然的盔甲，能够发动攻击，还能朝各个方向快速移动，而在这里非比寻常的是，螃蟹能发出"奥罗斯"的声音。在古希腊，奥罗斯是一种为武舞提供伴奏的双管乐器。这可能是"泄密"的细节吗？为了解释陶瓶B面的人物形象，博思默提出了武舞者的假设——尽管他没有详细说明。对博思默来说，引用亚里士多德的一段话就足够了：皮洛斯舞，一种有关猛扑和跳跃的舞蹈，这种舞蹈与阿喀琉斯性格极其残暴的儿子皮洛斯（尼奥普

---

* 安提芬尼斯，PCG fr. 57.15。我们的图像与公元前5世纪被称为"螃蟹"的剧作家及其跳舞的儿子们联系在一起，但从年代上看，这又说不通（请参见博思默、霍文等，pace Bothmer in Hoving et al. 1975, 49）。在几乎同时代的一只涡形陶瓶上，我们可以见到另外一只吹笛子的螃蟹，这只陶瓶（编号 59.11.20）收藏于纽约大都会艺术博物馆（《美国博物馆中的阿提卡红绘陶瓶》，224.1 - 因而是"螃蟹画家"）。

托莱摩斯）有关，而首次表演者，正是阿喀琉斯本人；在帕特洛克罗斯的火葬柴堆旁，他第一次表演了这种舞蹈（Fr. 519 Rose）。

对我们来说，这种关于皮洛斯舞的特殊传统可能很神秘，但也许并不总是这样。如果欧弗洛尼奥斯了解这种传统，就能在绘制陶瓶的时候使用一种神秘的"环形布局"。正如观者所见，一面是被帕特洛克罗斯杀死的身形高大的萨尔珀冬，而在另一面，年轻的雅典人正准备重演阿喀琉斯创造的舞蹈，以表达对被杀的帕特洛克罗斯的哀悼。这种联系似乎是一个牵强附会的关于"范式扩展"的例子。但正如博思默所见，早在萨尔珀冬陶瓶诞生的10年前，欧弗洛尼奥斯就在他的一只酒杯上表现了这种联系（见图37—38）。杯子是残缺的，但从幸存的部分足以看出一双正在吹奏奥罗斯的手以及一个近乎赤裸的青年，他手拿长矛和盾牌，戴着头盔和护胫甲，"摇晃着一条腿"（还有一只外形优美的前脚）。

假设在萨尔珀冬陶瓶的B面，一群参加会饮的雅典人看到了他们自己，无论他们是否会将武舞仪式与阿喀琉斯和帕特洛克罗斯联系起来，他们无疑都从萨尔珀冬的英雄形象中看到了一种标准的男子气概——从不算太久远的荷马式战争到他们自身公民权的军事化特征，这都被视为一种美德的体现。而作为一种教育形式，它是如此经久不衰。萨尔珀冬陶瓶展现了一种模范的生活方式，同时也是一种死亡方式。到公元前6世纪晚期，这种方式的影响已远至雅典以外。

5

******

来世的图像

作为伊特鲁里亚"陪葬品"典范的萨尔珀冬陶瓶和阿提卡墓葬的莱基托斯瓶上的睡神和死神

萨尔珀冬陶瓶之所以幸存至今，并不是因为它是一件艺术杰作，也不是因为它在视觉上表现了古希腊的英雄主义价值观，而是因为一些不知名的伊特鲁里亚人（或者某个不知名的伊特鲁里亚家族的某些成员）认为，把它放在坟墓里是合适的，并且可能希望它可以永远留在那儿。

伊特鲁里亚人向来以神秘莫测著称。我们并不想夸大这种名声，但不得不马上承认的是，我们并不知道为什么在伊特鲁里亚地区的切尔韦泰里，有些人决定把萨尔珀冬陶瓶撤出"流通过程"，或者更确切地说，将它从活人的世界拿走，寄存在死人的地盘上。我们不知道它的主人是否为了陪葬才买来这只陶瓶，也不知道欧弗洛尼奥斯和欧克西泰奥斯是否知道他们的作品会被带到海外，甚至被放进坟墓。然而我们知道的是，在古代的某一天，这只器皿被打碎了，并使用几枚嵌入的铜钉做了修复。蜂蜡也可能被用来密封连接点，因此，尽管有裂缝，这只陶瓶仍可以用来盛放液体。它可能被放进它的第一任伊特鲁里亚主人的坟墓中，也可能被传给了主人的下一代。正如上文所述（见P14），出土陶瓶的古墓的年代可能表明，从买来再到被放入坟墓，中间至少隔了一个世纪。此外，我们也不知道这只陶瓶具体发现于古墓的哪个位置。那么，关于伊特鲁里亚人对这只陶瓶的"接受"，我们能说些什么呢？

切尔韦泰里显然是一个面向更辽阔的地中海开放的城市，通过它的商业港口与沿海地区相联系。而"皮尔基"这个名字表明，希腊人把这个地方视作"塔"。对这一遗址的耐心发掘——大概像所有靠近海岸的遗址一样,后来成为水下考古遗址——表明,这里在公元前6世纪晚期曾出现数量不菲的雅典陶器,希腊商人也到过这里。但大约在公元前500年,切尔韦泰里(希腊人称之为阿古拉)也可能在政治和经济上与腓尼基人更加紧密地联系在一起,而这些腓尼基人很可能是北非海岸的迦太基(布匿人)殖民者。几乎与萨尔珀冬陶瓶同时代的著名的三块浮雕金饰板,记录了在神庙里发生的一场同时具有伊特鲁里亚和腓尼基风格的祭献仪式,祭献对象是伊特鲁里亚女神乌尼(相当于希腊的赫拉)和腓尼基女神阿斯塔忒。这些材料告诉我们,切尔韦泰里的统治者或地方长官是当时一个名叫提法里·维利亚纳斯的人。维利亚纳斯没有出现在任何希腊或罗马的文字史料中,就我们所知,他可能是切尔韦泰里一场政治革命的领袖。绰号为"班迪塔其亚"的关于这座城市主要墓地的考古活动表明,公元前6世纪末期发生了某种激进的变革:如果不是民主革命,就是"等级"分明的家族墓葬变成了准"平等"的坟墓。

伊特鲁里亚人在死后创造一个"家外之家"的习俗并未改变。班迪塔其亚公墓通常被称为"奈克罗波利斯"或者"死亡之城",其"街道"和"房屋"的规划布局对现代访客来说仍然是相当舒适和熟悉的。古墓里有沙发、椅子,甚至是家用器具,墓室中还能看到浮雕。最初,每座古墓都配有独立的"陪葬品",诸如武器、织物、镜子、珠宝和食品,还包括某些仪式上饮酒用的器皿和装备，而伊特鲁里亚的其他地方也同样如此。

关于这种丧葬习俗，我们面临着两个问题。首先，它背后传递了一种怎样的观念？（毕竟，今天的大多数人都不会考虑把贵重或有用的东西与已故的亲人葬在一起，不管我们多么爱这些亲人。）其次，这些"陪葬品"有多特别？更具体地说，关于我们的陶瓶：伊特鲁里亚人可能为了装填他们的坟墓而购买希腊彩陶吗？

这些问题的答案可能是相互交织的。如果伊特鲁里亚人的主要丧葬观念基于一种本能性的动机，即坟墓本质上是对房屋的再现与模仿，那么，就没有必要假设古墓中的陶瓶具有特殊的丧葬意义。古墓的主人将会被他们生前使用和珍爱的物品所包围。或者，如果对来世的信仰需要独特的物品并选择特定的图像，我们就得重视伊特鲁里亚考古发掘出土的那些具有仪式功能和末世含义的"陪葬品"。记载伊特鲁里亚人关于"最后的事情"——死亡、可能的审判以及"来世"——的文献资料并没有流传下来，但古代文献中的参考资料，以及伊特鲁里亚人的一些遗址（特别是切尔韦泰里北部的塔奎尼亚）墓画中的意象表明，当地极有可能存在某种神学体系。因此，伊特鲁里亚人在死去的萨尔珀冬画像中究竟看到了什么，我们大可推测一下。

这个问题不能过于简化，但为了推测能顺利进行，我们将要抛出的前提是：萨尔珀冬陶瓶是作为混合酒水的器皿来到切尔韦泰里的，它的伊特鲁里亚主人不仅发挥了这一器皿的实用性，还

来世的图像　139

在某种程度上认同了它的装饰画所提供的一整套文化符号。因此我们认为，伊特鲁里亚人在某种程度上实践了会饮的仪式；他们知道荷马的作品和史诗集，并以诗歌表演为乐；虽然希腊语不是他们的母语，但他们或多或少能辨认出陶瓶上的铭文。

"阿里斯托诺托斯陶瓶"（图33）诞生于公元前7世纪中叶，发掘于切尔韦泰里，是最早由制作者签名的希腊艺术品之一。根据作者使用的字母判断，阿里斯托诺托斯来自埃维亚岛。人们普遍认为，他抵达意大利时，埃维亚人刚开始在那不勒斯湾定居。虽然无法证明阿里斯托诺托斯定居于切尔韦泰里，但我们有理由相信，当地客户能理解他的作品（他们自己的语言虽然与希腊语有很大不同，但却是用从埃维亚文字体系里借来的字母写成的）。公元前7世纪的伊特鲁里亚贵族很可能熟悉希腊神话的故事情节，还会在一些类似会饮的正式场合使用这只陶瓶。虽然历史上也发生过冲突，例如，与伊奥尼亚希腊人在科西嘉岛建立的殖民地的冲突（见希罗多德：《历史》，1.166-7），但切尔韦泰里仍然可以被认为是希腊人与伊特鲁里亚人之间的"主要接触区"：这是一座无与伦比的伊特鲁里亚城市，它的精英公民明显地被"希腊化"了。

切尔韦泰里的墓葬出土了大量的古希腊陶瓶。19世纪40年代，吉安皮特罗·坎帕纳在班迪塔其亚墓地发掘的大部分陶瓶为卢浮宫所得。如果你去参观卢浮宫，很容易就会对这些陶瓶的特征留下深刻印象。而这就包括"欧律提奥斯陶瓶"，作为科林斯陶瓶画古风风格的一个著名范例，这只陶瓶展示了赫拉克勒斯在国王欧

图33:陶瓶上(逆向)写着"阿里斯托诺托斯制作了(我)",来自切尔韦泰里,约公元前650年。在这个容器的一侧,主题似乎是独眼巨人波吕斐摩斯的失明,这是荷马讲述的奥德修斯的冒险故事(《奥德赛》,9),另一侧描绘的则是一场海上遭遇战。高36厘米。罗马,卡皮托利尼博物馆。

律提奥斯（或欧律托斯）的宴会厅里悠闲自在的样子。我们不得不再次假设，这只陶瓶的伊特鲁里亚主人认出了躺在王宫卧榻上的人物（和他们的名字）；还知道一个与该场景有关的故事（一场为争得国王女儿伊娥勒青睐的射箭比赛，导致东道主一方数人死亡）；更普遍的情况下，他们与陶瓶图像所呈现的生活方式（宴会、狩猎、养马）息息相关，当然也熟悉像赫拉克勒斯这样的英雄（而且我们回想一下，切尔韦泰里的赫拉克勒斯崇拜至少从公元前6世纪末就存在了，见P27）。与萨尔珀冬陶瓶一样，欧律提奥斯陶瓶在装饰上也有非同寻常的规模和抱负。不过，这不是绝对的"个例"。在所有已知的供出口的古风式科林斯陶瓶中，40%都来自同一地点：切尔韦泰里。

一幅来自塔奎尼亚古墓的画，很好地说明了古希腊陶瓶在伊特鲁里亚典型的"接受"过程。左边的墙上画了一艘商船，古墓因此而得名；画中还有若干只希腊陶器（图34）。画面中央靠后的墙上狂欢的场景可能暗示着一种逻辑顺序：船带来了陶器（和酒？）。于是，里拉琴演奏者拿起他的乐器，宴会开始了。另一个同时期的塔奎尼亚古墓也同样将彩陶与某种形式的"狂欢"并置（图35）。我们用希腊语来形容这种舞蹈，一方面是因为我们不知道伊特鲁里亚人对它的称呼；另一方面是因为酒神祭仪明显与伊特鲁里亚的希腊化交织在一起；还有部分原因，则是为这座古墓绘画的艺术家可能是希腊人。

"解读"伊特鲁里亚人墓中图像的过程总是被一种解释上的两

图34："船之墓"的细部，约公元前500年。挂在墙上的是两只基利克斯陶杯，桌子上放着一只安佛拉罐（右）和一只混合了安佛拉罐和柱形陶瓶样式的陶瓶（左）。塔奎尼亚，国家考古博物馆。

图35:"彩陶之墓"的细部,公元前6世纪晚期(该墓自1867年被发现以来,受损十分严重)。塔奎尼亚,曼特罗契大墓地。

难困境所扰。这些画反映的是伊特鲁里亚精英阶层真实的"生活方式"——在希腊和罗马文学中,伊特鲁里亚人因其对奢侈品的热爱而臭名昭著,还是描绘了一幅充满盛宴和庆典的来世景象?(一种折中的意见认为,我们在这些古墓中看到的是为纪念逝者而举行的宴会。)就进口的希腊陶器而言,这里的相关分析表明,这些易碎的物品之所以能保存下来,主要是因为伊特鲁里亚人习惯把它们存放在坟墓里,而对伊特鲁里亚人城市和避难所的考古研究表明,他们也经常在地面上使用这些陶器。例如,20世纪90年代,切尔韦泰里市的某区域(维基纳·帕罗齐亚莱遗址)进行了一次考古发掘,使大约公元前500年沉积在一口大水池中的碎片重见天日。许多进口于科林斯和雅典的彩陶碎片，大多是酒杯，堆放在城市废墟的地层中。这种器皿的使用（和破碎）可能发生在一个可以宽泛地被冠以"神圣"之名的地方，而不是在家里，但无论如何，它都距离墓地很远。

伊特鲁里亚人举行会饮的地点和仪式，在考古上仍是未解之谜。文献和许多墓穴壁画表明，妇女们与丈夫一起躺在卧榻上，这与希腊的习俗大相径庭（我们想知道的是，在伊特鲁里亚，雅典瓶画上那些饮酒的"高级妓女"是否也是这样的）。很可能，这是为纪念逝者而举行的某种"葬礼宴会"。但这一概念已不再主导我们对绘画的理解，比如我们在"雌狮之墓"（图36）中发现的绘画。20世纪现代学术领域伊特鲁里亚学的元老马西莫·帕罗蒂诺有理由认为，墓穴中央的壁画描绘了"为死者献舞"的场景，因此，"浮雕中心的大型陶瓶显然是骨灰坛"，装着逝者的骨灰，而"黑色罐子可能盛放着用来浇灭柴堆的水"。虽然这种解释在随葬的情况下似乎是合理的，但今天大多数伊特鲁里亚学专家更愿意相信这里所画的陶瓶是为会饮服务的：陶瓶用来混合酒和水，"大酒壶"用来分配掺水酒。

当然，事实仍然是萨尔珀冬陶瓶被置于一座坟墓里：它描绘了一位英雄的尸首被搬运到了"他的"坟墓里。正如上文已经指出的那样，还有另外一种可能性，圣安杰洛的大墓地有两个陶器都描绘了这一搬运英雄尸体的画面，作者均为欧弗洛尼奥斯，只是它们创作于这位画师职业生涯的不同阶段。即使不是专家也能

图36:"雌狮之墓"的细部,公元前6世纪晚期。陶瓶和大酒罐看起来都是金属器皿。悬挂在陶瓶右边的长柄酒勺说明陶瓶里装的是葡萄酒,而非骨灰。塔奎尼亚,曼特罗契大墓地。

来世的图像 147

看出，欧弗洛尼奥斯创作的"基利克斯陶杯"的构图不太成熟（图37和图38），这只基利克斯陶杯与陶瓶的诞生时间可能相差10年之久。这两个陶器在观察主题和风格的发展时都是有价值的，但它们是如何变成一对的呢？它们的伊特鲁里亚主人是先得到基利克斯陶杯，后来才又得到了陶瓶吗？如果是这样的话，这只陶瓶之所以吸引人，是因为它描绘了同一主题，还是因为它由同一画师签名呢？

枯燥的统计数字也并非全然无用。出自欧弗洛尼奥斯之手的陶器，凡是来源清晰的，50%都来自切尔韦泰里。这可能带有某种偶然性，或者，我们可以认为这代表着某种类型的商业模式和品位。提出有关品位的问题，蕴含着将古代"市场"与现代收藏者对雅典陶器的欣赏混为一谈的风险。我们也只能在有限程度上重建雅典陶工和画师对伊特鲁里亚人"市场需求"的认识。自从在武尔奇出土大量雅典陶器以来（见P35），学者们努力想弄明白它们出土于一个非希腊地点的原因，还寻找着当地对陶器外形和风格的偏好，并分析"中间商"——在"皮尔基"等港口停靠的海上商人留下的痕迹。人们一致认为，公元前6世纪的希腊彩陶生产商已经对伊特鲁里亚人的喜好有所了解（一家与尼科斯提尼有关的黑绘陶器作坊提供了重要证据）。然而对地中海沉船的考古表明，商人们（既有可能是希腊人，也有可能是腓尼基人）会在他们停泊的任何地方购买可以买到的东西，因此，船上的货物通常是混杂的。数十年之前，有人提出，很多雅典陶器是通过二手交

图37和图38：基利克斯陶杯的细部，欧弗洛尼奥斯所绘（足部有其签名），约公元前520年。上图：同样没有翅膀的塔纳托斯和修普诺斯抬起了萨尔珀冬的遗体，给他们引路的是一名面容沮丧的武士，名为阿卡玛斯。

图38：一位全副武装的青年跟随笛子的乐声舞动，两侧都有围观者（一男一女，手中各握着一朵花），见P132—133。高11.5厘米，直径33厘米。罗马，朱利亚别墅博物馆。

来世的图像　　149

易来到伊特鲁里亚的。尽管无法证明，不过这一观点也并未被学者们的质疑所推翻。如果属实，这就意味着萨尔珀冬陶瓶可能只是在雅典会饮上被使用过一次，而在完成了仪式使命之后，它就被出租或卖掉了（不言自明的是，伊特鲁里亚买主所支付的价格使这趟旅程物有所值，见P77）。

地中海地区同时代人群之间"文化适应"的历史实例，有助于支持我们在这里青睐的推论——萨尔珀冬陶瓶的伊特鲁里亚主人能认出陶瓶上的同名英雄。但是想象一下我们的伊特鲁里亚人，不管他有多希腊化，甚至知道莱阿格罗斯是谁，更不用说他是否配得上"美男子"的称呼，都似乎有些过于夸张了。如果我们的伊特鲁里亚主人是文盲，对特洛伊传说一无所知呢？那么，这一场景就会变成两位死亡天使正在搬运一位被残忍杀害的青年遗体。欧弗洛尼奥斯画的睡神和死神相当温和，与伊特鲁里亚绘画中长着翅膀的魔鬼形象完全不同。这些魔鬼或者被称为凡斯，是面容峻厉的女性形象，或者是她们的男性同伴图楚尔查，后者长着钩鼻、尖尖的耳朵和满头的蛇发。然而就基本途径而言，不需要特殊的文化底色或"教育"来为萨尔珀冬的形象赋予意义。一个凡人的身体被两个超自然的神祇带走了，在任何有文献记载的人类社会中，这样的景象都不难理解。

不过，如果不了解希腊文字，就可能无法弄清楚这两个带翼人像的身份。欧弗洛尼奥斯似乎是这方面的先驱：在古风时代的作品中，并没有睡神修普诺斯和死神塔纳托斯的固定形象，我们感觉艺术家本人也不确定应该如何表现他们。在欧弗洛尼奥斯创作的基利克斯陶杯上（见图37），他们俩被表现为全副武装的战士：修普诺斯拿着一把剑，还握着一面重装步兵式的大圆盾，而塔纳托斯一只手努力握着一杆长矛，另一只手拿着一面沉重的老式盾牌——可能接近于迈锡尼的"8"字形盾牌。如果欧弗洛尼奥斯不标上名字，任何观众都可能将其当作萨尔珀冬的战友。回想一下荷马史诗的描述（见P114）可知，将萨尔珀冬的遗体从战场上带走的是阿波罗；修普诺斯和塔纳托斯随后接手，并护送其回到了吕基亚。荷马并未言明他们从哪里来，或者长什么样子，他仅仅提到他们是孪生兄弟，而且移动迅速。欧弗洛尼奥斯设计的人像足够相似，可以被视作孪生兄弟（但要注意，他们的头发和睫毛有明显不同）；翅膀也足以表明速度。

赫西俄德对宇宙学的诗意描述通常可以追溯到大约公元前700年，在他的描述中，修普诺斯和塔纳托斯都是夜晚之神的后裔，他们居住在冥府或"阴间"的入口附近。这一地理位置不是荷马或赫西俄德所指定的，但非常黑暗。

灿烂的太阳从不用它的光芒照耀他们，无论它在天空中升起还是落下。两人中，一个平静地在大地和宽阔的海面上游荡，给人类带来慰藉；至于另外一个，他心硬如铁，灵魂如铜，毫无怜悯之心。他从不释放被他抓住的人，连诸神都厌恶他。（《神谱》，758－66）

图39：雅典红绘基利克斯陶杯，可追溯至公元前510—前500年，来自武尔奇。两位女性中有一位拿着与赫尔墨斯有关的使者权杖。口径42厘米。伦敦，大英博物馆，编号1841.0301.22。

来世的图像 153

再说一遍，睡神和死神是在空中来去的，暗示这一点的只有他们快速移动的能力；除此之外，这里几乎没有任何描述性的细节。虽然睡神的到来是幸福的，但死神也并不总是邪恶的：他只是做他必须做的事情，而根据传说，死神是被所有"不死之人"憎恶的。

很有可能在欧弗洛尼奥斯之前，就已经有一位艺术家在某种更为重要的介质上，为默默无闻但无处不在的兄弟俩创作了一幅画像。几座雕像经证明是他们俩，但无法确定年代。著名的库普塞洛斯雪松木箱自公元前6世纪初就开始在奥林匹亚展出，作者是一位显然熟悉赫西俄德诗句的雕塑家，上面将睡神和死神表现为夜晚的婴儿：一个睡着了，另一个外形与他的兄弟相像，但肤色黝黑（有趣的是，帕萨尼亚斯说即使没有铭文，他也能分清这哥俩，见《希腊志》，5.18.1）。不过，这种抽象的婴儿形象并不能指导欧弗洛尼奥斯的创作。他很可能是第一位绘制了成年修普诺斯和塔纳托斯的艺术家，这是一个相当大的成就。对我们来说，拟人化的睡神和死神是如何与神话或古希腊的宗教实践联系起来的尚不清楚：也许从来都不是很清楚。因此，我们只剩下来自雅典陶器的证据，这表明由欧弗洛尼奥斯创造的原型引领了他的同时代人和继任者们。

被比兹利归到"画师尼科斯提尼"名下的一只基利克斯陶杯，可能是最早对欧弗洛尼奥斯的致敬行为。事实上，比兹利认为这位粗心大意的画师在这里肯定是在向一位水平更高的绘画者学习，而其他学者则怀疑欧弗洛尼奥斯本人是否为其提供了指导（图39）。带着翅膀和全副武装的青年搬运一名年长战士尸体的场景并未写有名签，我们无法确定萨尔珀冬就是作者想要描绘的英雄，死者也可以是门农（见P185）。然而，正在搬运遗体的肯定是睡神和死神。

卢浮宫一个花萼状陶瓶上清清楚楚地写着名字，证明睡神和死神可以是青年的模样（图40）。然而他们的年龄似乎还没有确定，翅膀也并非必不可少。真正重要的是他们在精神上的作用，接下来对主题的进一步阐述将会证明这一点。在另一只花萼状陶瓶上（图41），他们正抬着的盖着布的遗体可能不是萨尔珀冬。一种引人注目的观点认为，我们在这里看到的是搬运帕特洛克罗斯遗体的场景，悲痛的阿喀琉斯也在场。但这一幕最迷人的，却是

图40：一只红绘花萼状双耳罐的瓶画素描（复制品），被认为出自画师欧卡利戴斯之手，公元前500—前490年。在经过清洁并"修复"后，人们注意到上面刻有"萨尔珀冬"字样的痕迹。这可能是一种证据，表明它描述的是萨尔珀冬的遗体在吕基亚的场景。巴黎，卢浮宫，编号G163。

来世的图像　　155

一个全副武装以奔跑姿势出现的小人像。它被解释为死者的"埃多隆",即他的"幽灵"或"魂灵形象"。艺术家如何表现形而上学概念总是令人着迷,尽管我们注定无法知道这位匿名画家的创作意图(他在风格上也非常接近欧弗洛尼奥斯)。不过,能被展现出来的是想象一种超自然概念的视觉策略——睡神与死神的亲密关系,苏格拉底曾提出这一著名观点(柏拉图:《申辩篇》,40d)——被应用于葬礼仪式或适配睡神和死神的图像。就这样,一个史诗场景的图像发展成了经典的"死亡肖像"的一部分。

图41:红绘花萼状双耳罐,来自阿格里真托的佩齐诺大墓地,约公元前500年。(被比兹利)置于先锋派作品之列。反面是一个狂欢场景。阿格里真托,贝洛莫宫大区美术馆,编号C1956。

到公元前6世纪末，雅典黑绘陶瓶画的水平都普遍不高（见P59—60）。但在观察千篇一律的视觉艺术发展时，平庸艺术家的作品也可以成为有用的资料。被认为出自同一作者之手的两只小双耳瓶，代表了被我们判定为千篇一律的常规复制品（见图42）。这两幅画都描绘了搬运萨尔珀冬遗体的画面，但两只陶瓶上的铭文都很难理解，这可能反映了画师的匆忙或者不认真（如果他知道他的作品将直接销往国外市场的话）。无论如何，我们能看到源自欧弗洛尼奥斯的主题如何变得系统化，并很快成为一种丧葬图像的典型模式和实用工具。而公元前5世纪生产的雅典陶瓶，也就是"白底的莱基托斯瓶"，其特殊形式和风格的肖像就证明了这一点。

雅典人从未像伊特鲁里亚人那样被葬在一个像房子一样的墓穴中。雅典当局定期会对殡葬开销施加法律限制。然而，当地的殡葬习俗从来没有禁止为死者准备陪葬品。这些物品就包括被称为莱基托斯陶瓶的油瓶。一般来说，这些陶瓶大小不同，外观各异，用途也不尽相同。它们与葬礼的联系来自在火化或埋葬前对尸体进行的防腐处理，以及向死者提供油和软膏——这被视作灵魂的润滑剂。大量这种液体被倒在举行葬礼的地方，然后，这只容器（并不总是装得像看上去那么多）就会被留在坟墓里，或放在附近的一个小沟里。为何"白底的莱基托斯瓶"是雅典在大约公元前470至前400年这一特定时期的产物，目前还存在争议：它可能与雅典民主规范下私人和公共葬礼之间的紧张关系有关。不

图42：黑绘双耳瓶，被认为出自画师狄奥斯佛斯之手，约公元前480年。修普诺斯和塔纳托斯搬运萨尔珀冬的遗体（？），他的"埃多隆"（"魂灵形象"）被画成奔跑的姿态。巴黎也有类似的藏品（卢浮宫，编号F388）。高18.4厘米。纽约，大都会艺术博物馆，编号56.171.25。

过清楚的是，莱基托斯瓶上的画像有着某种特定的目的，包括抚慰人们的丧亲之痛，并对墓主的死亡之谜给出一些形象化的解释。

在覆盖着垩白或奶油色色料的陶器上作画的技术，并非来自公元前5世纪的创新（见P59）。但事实证明，这种技术尤其适合葬礼用的莱基托斯瓶，因为这种瓶子并不需要长时间的抛光。先画出人像轮廓，再用彩色颜料精心修饰，看起来有点儿像光谱，而随着时间推移，这种效果会随着颜料的剥落或褪色而强化。一些莱基托斯瓶上展示了家庭活动场景，仿佛在说"生活仍在继续"；另外一些则描绘了家庭成员——特别是女性——在墓前祭拜的场景（通常用雕花的石柱或石碑来表示坟墓）；与此同时，在其他一些瓶子上，画家试图营造"魂灵世界"。这可能包括冥界的阴郁船夫卡戎，以及扮演引路人角色的赫尔墨斯。但是，修普诺斯和塔纳托斯还有其他的重要作用。有大约16个已知的阿提卡白底莱基托斯瓶明显描绘了这对兄弟的特征，而从塔纳托斯的胡子也能看出他年长或更"严肃"的身份。兄弟俩没有武装，史诗般的荣耀已经结束，但他们有时会获得一对额外的翅膀，附在脚后跟或便鞋上。他们携带的魂灵—尸体看起来并不像是沉重的负担：无论是成年人还是儿童的，看上去都不重，可以轻轻地放在墓穴里（图43和图44）。

这些陶瓶可能不是"批量生产"的，但它们的形象无疑有公式化的一面。这对目前的研究来说是个好消息，因为它暗示着欧弗洛尼奥斯在公元前515至前510年创造的睡神和死神搬运一具遗

图43：一只雅典白底莱基托斯瓶的素描画，公元前470—前460年：塔纳托斯（蓄须者）和修普诺斯准备把一位青年的遗体抬进坟墓（用花环做了装饰）。垂直和水平方向都写着"KALOS"。瓶子实高26厘米。雅典，国家博物馆，编号17294。

体的主题，已成为公元前5世纪肖像画领域的"典故"。如果与帕特农神庙等同时代的遗迹相比，白底莱基托斯瓶可能看起来很袖珍。但这些陶瓶与帕特农神庙一道，展现了后来被视为经典的古典形式和风格，而这种形式与风格随后又成为整个希腊罗马世界艺术家的参考对象，并在文艺复兴时期再度兴起。一个俯卧式的水平人像被两个竖立的人物举起，这种基本的构图模式尽管极易

图44：白底莱基托斯瓶，来自雅典安培罗基波区墓葬，被认为出自画师塔纳托斯之手，公元前440—前430年。从死者身上的铠甲与坟墓放置（或雕刻）的头盔来看，他应是战争的受害者。高49厘米。伦敦，大英博物馆D58（1876.0328.1）。

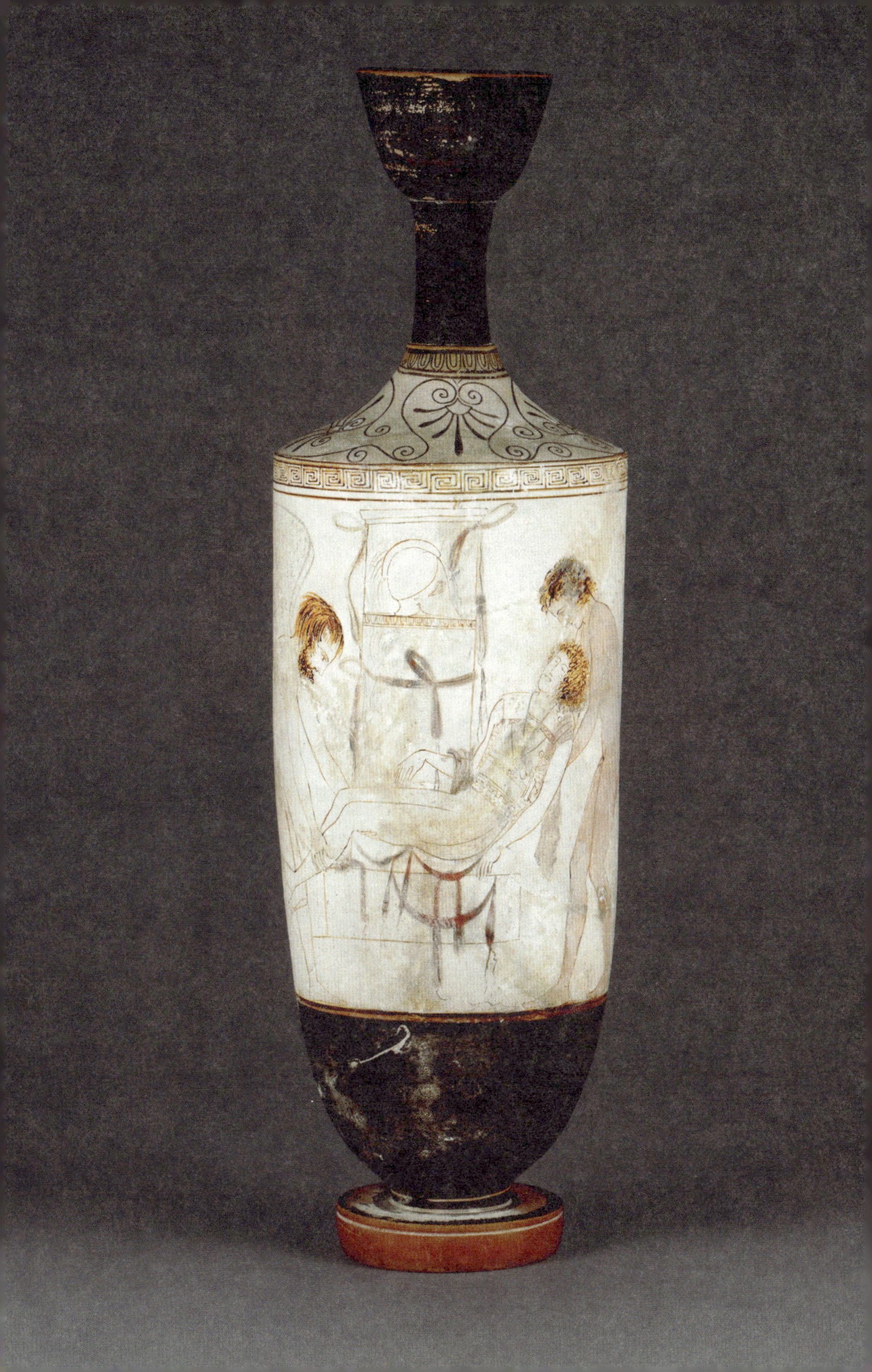

识别，适应性却很强。它的具体文化联系很丰富，但有一个基本意义延续了下来，那就是跨文化。人类是世界上唯一会把死掉的同伴埋葬的物种。希腊人可能尤为痴迷于此（安提戈涅的故事就是一个例子，她冒着生命危险，试图为她蒙羞而死的哥哥波吕尼凯斯举行最后的安葬仪式），然而对于遗体妥善安置的关心是普遍现象。萨尔珀冬陶瓶提供了一个与此相关的主题：带一个凡人同伴的遗体回家，令其安息。因此，它显然具有抚慰人心的力量，而且在此后任何一个时代都备受重视。

6

* * * * * *

图像的来世（1）
萨尔珀冬与古代的"美丽遗体"母题

太阳神赫利俄斯失去了他的儿子法厄同。赫尔墨斯失去了他的孩子（御车者密尔提罗斯）。忒提斯无法拯救阿喀琉斯。宙斯为萨尔珀冬哀恸。而埃及人的"宙斯"阿蒙神，则看到了他的凡人后裔——被后人称为"亚历山大大帝"的年轻人，注定难逃一死。

这份遭遇丧子之痛的神祇名单，来自公元1世纪亚历山德里亚一块墓碑上的诗体铭文。就像希腊罗马世界的许多铭文一样，这首诗歌歌颂了逝者的"美德"。诗中也提到"在寿数未满以前，他离开了甜美的阳光"。换句话说，这首诗歌是在纪念一位英年早逝的人。

"人类的君主和诸神难道没有流泪吗？难道他们不为萨尔珀冬哀痛吗？"我们的匿名诗援引萨尔珀冬作为普世法则的例证：甚至连人类具备神力的祖先，都不能改变命运女神的意志，扭转"必死的命运"。荷马也很清楚地说明了这一点。从逻辑上来说，拥有凡人子孙的神祇父母注定会经历丧子之痛，这首墓志铭不过是又多添了一个例证而已。通过将萨尔珀冬的名字与法厄同、密尔提罗斯、阿喀琉斯和亚历山大相联系，这首墓志铭就将萨尔珀冬塑造成了一种极其不幸的夭折原型。他俊美而勇敢，如此年轻，不该早早地死去。

在希腊语和拉丁语中，"英年早逝"这一概念都被认为是一个固定短语。而它在艺术和神话里的表现形式，是我们在本章要探讨的从"古典时代"到"希腊化时代"，再到随后的"罗马时代"连续性的一部分。然而，似乎有必要在这里对古典时代的"英年

图像的来世（1） 165

早逝"做一些探讨。当然,那时的预期寿命通常要比现在低得多,但大体上说,人仍有可能高寿,例如作为一名活跃的剧作家,索福克勒斯就一直活到90岁左右。早在公元前6世纪初,来自雅典政治家、诗人梭伦的诗歌就将人类70岁的生命划分成10个单位,每个单位7年,这样一来,在70岁时去世就可以被视为"寿终正寝":这与豪斯曼关于完整寿命应为"70岁"的定义异曲同工。然而正如无数的古代墓志铭所证实的那样,人们对固有一死的痛苦感受与其说是由于实际年龄,倒不如说是由于相对经验。对任何父母来说,最糟糕的事情都莫过于埋葬自己成年或尚未成年的子女。

"可是战神阿瑞斯永远都喜欢从全副武装的军队中摘下最美丽的花朵。"埃斯库罗斯已经散佚的萨尔珀冬剧本仅存的几行诗句就表现了这种情感。(埃斯库罗斯:《残篇》,51)它为我们已经看到的从会饮陶瓶到陪葬莱基托斯瓶的肖像链条增加了一个关键元素。如前所述(见P118),为了英雄走向坟墓的"最后旅程",欧弗洛尼奥斯可能有意识地使萨尔珀冬"恢复了青春"——吕基亚国王像一个"库罗斯"雕像那样被致敬,仿佛他正身强力壮。就埃斯库罗斯而言,他似乎把戏剧的焦点放在了萨尔珀冬之死对家庭的损失上。剧本的另一个片段转述了萨尔珀冬之母欧罗巴慷慨激昂的陈词,她恳求宙斯拯救他们的儿子。(《残篇》,50)一只来自意大利南部的陶瓶支持了这一点,并很可能表现了同一出戏剧的上演(图45和图46)。在陶瓶一侧,我们看到一位身着精致"东

图45：阿普利亚红绘钟形陶瓶，据说由画师萨尔珀冬所绘，约公元前400—前380年。欧罗巴（左）担心她的儿子可能会被杀死并遗弃在特洛伊，于是向宙斯和赫拉乞求。高49.9厘米。纽约，大都会艺术博物馆，编号16.140。

图像的来世（1） 167

图46：阿普利亚红绘钟形陶瓶反面。中间的男性可能是萨尔珀冬的一个兄弟（在赫西俄德和埃斯库罗斯版本的故事中，他们是米诺斯和拉达曼托斯）。

168　萨尔珀冬陶瓶：一只古希腊陶瓶的前世今生与英雄之死

方式"长袍的女子在与一对坐在王位上的夫妇对话。从他们的姿势和周围的道具来看，这对夫妇应为宙斯和赫拉。一个长着翅膀的人分散了赫拉的注意力，这个人可能是修普诺斯，他爱着赫拉的女儿帕西提亚（可能是背景里的人物：《伊利亚特》，14.231ff）。另一侧肯定是后来的场景。欧罗巴的母爱得到了满足：在她自己的王宫里，她抬起头，看到塔纳托斯和修普诺斯携带着萨尔珀冬的遗体自空中落下。英雄的孩子可能也见证了这一幕，通过运用类似于表现神祇的机械装置，剧场是可以表演这一情节的。

来自公元前5世纪晚期一只雅典酒罐残片上的图像，也可能表现了此类戏剧传统（图47）。在这里，"萨尔珀冬被带回家"的主题表现为长翅膀和胡须的两个人带着英雄的遗体降临到"吕基亚长老"的集会上，萨尔珀冬的母亲也在场，她穿着代表哀恸的黑色长袍。显然，埃斯库罗斯的《欧罗巴》/《卡里亚人》开篇便是萨尔珀冬母亲的演说，她对自己在特洛伊作战的儿子表现出一种宿命式的关心；戏剧的高潮部分，很有可能就是萨尔珀冬的遗体从天而降。再一次，一个纤细弱小的白色人像作为萨尔珀冬的幽灵出现了，他盘旋在空中，直到找到埋葬遗体的坟墓（他的"家"）。

除了失去萨尔珀冬的宙斯和失去赫克托耳的普里阿摩斯，荷马并未详细描写特洛伊平原上伤亡者的父母遭受了怎样的痛苦。作为"续集"的《厄提俄皮斯》（Aithiopis）是否更着重这一问题，我们无法断言（这一史诗只有少数残篇存世）。但我们知道的是，它讲述了特洛伊另一个外国盟友——埃塞俄比亚的英雄门农的命

图像的来世（1）　　169

图 47：雅典红绘陶瓶，约公元前 425 年。残片拼合后，似乎显示了一位战士正被修普诺斯和塔纳托斯抬起或者放下；穿着长袍的人物占据了画面的其余部分。高 30 厘米（约 11.8 英寸）。默西塞德郡阳光港，利斐夫人艺术画廊，编号 5060。

170 萨尔珀冬陶瓶：一只古希腊陶瓶的前世今生与英雄之死

运。门农是黎明女神埃奥斯和普里阿摩斯的兄弟提托诺斯的儿子。提托诺斯也被赐予了长生不死的能力，不过可惜的是，他会衰老（因此，他逐渐萎缩，最后被抛弃）。门农杀死了涅斯托耳的儿子安提罗科斯，导致后者的父母悲痛欲绝。然后，门农反过来又被阿喀琉斯所杀，使他的母亲哀伤不已。一些视觉作品证实了这一点。梵蒂冈有一只黑绘陶瓶，刻画了一位妇人拖着头发，站在一位光着身子、毫无生气的战士遗体前；同时，多里斯创作的一只红绘陶杯也刻画了长着翅膀的埃奥斯搬运儿子遗体的场面，上面还有清晰的签名（图48）。

在古代，门农和萨尔珀冬的命运有时会"缠绕在一起"：在德尔斐克尼多斯会议厅的壁画上，两位英雄一起被放到了冥府中（《希腊志》，10.31.2），阿里斯托芬则使这一对英雄同时出现在神祇哀悼的场景中（Nub. 622）。（纽约）一块被归到欧弗洛尼奥斯名下的陶瓶碎片表明，艺术家可能也尝试画过埃奥斯与门农的场景。正如博思默所说："我们会努力从欧弗洛尼奥斯创作的门农陶瓶上获得更多信息。"同样，我们也乐于知道埃斯库罗斯是如何将门农的故事创作成一套三联剧的，据说其中第一部的名字是《门农》（*Memnôn*），第二部是《称量灵魂》（*Psychostasia*），第三部可能写的是阿喀琉斯之死。可以想象，埃奥斯与忒提斯进行过某种形式的辩论，两位母亲都想说服宙斯来帮助自己的儿子。不过可惜的是，她们都失败了。

埃斯库罗斯的戏剧本来是面向雅典人的，但在不到100年的

图 48：一只基利克斯陶杯内面画，多里斯绘，来自卡普阿。画面展示的是埃奥斯与门农的遗体。巴黎，卢浮宫，编号 G115。

时间里，他的作品就进入了"经典"行列，并在"大希腊"地区（意大利半岛南部和西西里岛的希腊殖民地）广泛上演。最后，这些剧作被翻译成拉丁语，促进了希腊与罗马之间的神话交流。所以，当萨尔珀冬的故事向西"迁徙"的时候，荷马史诗并非唯一的通道，意大利南部的陶瓶也不是这种视觉传递的唯一媒介。剧本方便携带，剧团也可以旅行，但在古代，"大众媒体"的缺乏并不意味着图像在流动性上就会更弱。有充足的证据表明，画师们的足迹遍布整个地中海地区，尤其是那些经过希腊作坊培训的画师。在希腊以外地区"古典风格的传播"并不是现代学者的臆想。这就是为什么在跨度相当大的时间和空间内，以各种形式记录下萨尔珀冬母题的视觉"回响"是可能的。有时这一母题似乎确实在讲述萨尔珀冬的故事，但也不一定。从欧弗洛尼奥斯创作的原型中，我们能产生这样一种感觉：尽管有标签来标识某一特定的史诗场景，但这种形象却可能具备潜在的普遍性。雅典白底莱基托斯瓶的画师已经证明了这种可能性：在接下来的几个世纪，这一形象"生命力愈加旺盛"。用今天的行话来说就是，它拥有了传播能力。

我们在讨论其他传播媒介之前，对意大利南部瓶画十分明显的可传播特性的分析是有益的。来自公元前4世纪中叶的一只涡形陶瓶，描述了赫克托耳的遗体在阿喀琉斯的复仇怒火消退后的遭遇。根据荷马的记述，特洛伊国王普里阿摩斯筹集了包括10塔兰同黄金在内的丰厚赎金，直接前往希腊军营，试图说服阿喀琉斯归还赫克托耳的遗体(《伊利亚特》,24.229f)。从埃斯库罗斯开始,很多希腊剧作家都详细地描摹过这一场景,拉丁剧作家恩尼乌斯还创作过一部剧本。我们在陶瓶上看到的内容可能要归功于这些剧本中的一个,但它肯定也部分地来源于萨尔珀冬母题(图49)。正在搬运赫克托耳遗体的两个人物没有标名字,没有迹象表明他们就是修普诺斯和塔纳托斯,可是,我们同样也难以否认画师曾看到过类似于睡神和死神搬运一具遗体的图像(剧场的舞台上不大可能出现全裸的遗体)。

荷马的叙述提供了一种思路,有助于我们认识这里讨论的人

图49:一只阿普利亚红绘涡形陶瓶细部,作者被认为属于"吕库古画师圈",来自鲁沃,约公元前350年。坐在王座上的普里阿摩斯做出了某种手势,还可以看到一套天平(根据这一故事的某个版本,赫克托耳的价值和与他体重一样的黄金等同)。圣彼得堡,艾尔米塔什博物馆,编号1718(St.422)。

像创作模式的传播问题。当普里阿摩斯——不顾人身安全，尽管他会得到某些神祇的协助——前来恳求阿喀琉斯归还赫克托耳的遗体时，阿喀琉斯基本还算是善意的回应，主要基于一种范式的相似。也就是说，他想起了父亲珀琉斯，而这位父亲有着"一位注定会夭折的独子"。然后，阿喀琉斯试图用尼俄柏的先例安慰普里阿摩斯：她的12个孩子全部都被杀死了（而通过曲解"范式化的延伸"，阿喀琉斯声称尼俄柏并未失去胃口，因此普里阿摩斯也应该留下来吃晚餐）。所以，我们可以看到萨尔珀冬的例子是如何作为母题与赫克托耳的命运联系在一起的。普里阿摩斯的处境与宙斯一样：无力挽救儿子的生命，但急切地想要找回儿子的遗体，并确保他能得到妥善的安葬。

欧弗洛尼奥斯提炼的"萨尔珀冬主题"必要的简洁性，只会有助于其传播和应用。两个直立的人物加一个水平方向的人物：构图上的简化使它几乎不可避免地会被应用于不同的场景。一个绝佳的例子出现在拉丁语称之为"基斯塔"（cista）的系列青铜器中，而这种器皿传统上与拉丁遗址普莱内斯特有关。这些"基斯塔"是从古墓中被发掘出来的，它们装了一些似乎对死者来说很贵重的小物件。形成圆柱体的青铜薄片通常会有浮雕装饰，内容大多是神话场景（一般还有伊特鲁里亚铭文），而盖子带有一个实心的青铜把手，还被做成了某种主题的造型。有的形状很巧妙（例如一个表演后空翻的杂技演员），但有的也很阴郁，似乎适合在葬礼上使用。因此，由两名搬运者抬起僵硬的（死者）遗体这一母题，就成了有实用性的配件（图50）。

这种主题装饰出现在不止半打的幸存"基斯塔"上，但又并非完全相同。抬着遗体的人可能是有翅膀的，女性在这种情况下被认为是"伊特鲁里亚人的死神"；在一个例子里（来自朱利亚别墅博物馆），画师似乎画了两名女战士或亚马逊人，她们举起了一个同伴的裸体。这里画的是门农吗？很有可能。尽管我们也可以像比兹利一样更加谨慎地说，这里看到的是"一种没有任何神话内涵的装饰类型"。而在另一个例子中，似乎可以较为确定地认为，装饰表现的就是正抬着萨尔珀冬遗体的睡神和死神（图51）。人们可以相信，这些装饰的作者一定见过类似萨尔珀冬陶瓶的作品：两位长翅膀的人身披重步兵的盔甲，双膝弯曲；他们抬着一位肌肉发达的年轻人，他的长发垂了下来。

即使由于尺寸缩小等原因导致细节发生变化，萨尔珀冬主题的核心内容也会得到保留，这证明了这一母题持久的生命力。公元前5世纪初的一块伊特鲁里亚甲虫宝石就展示出了这两种特质（图52）。我们可能会觉得奇怪，一件个人饰品为何会画着史诗主题？但许多希腊和伊特鲁里亚人的戒指上都刻有英雄图像。它们的作用更像是纹章，尤其是在用作封印石时。因此，这些装饰可能表现了佩戴者的英雄抱负和贵族价值观。便携小巧的物件自然也有助于母题的传播。一些同等大小的浮雕，就因为"简要"表现了特洛伊传奇这样的大主题而闻名（图53和图54）。

同样地，还有现存20多块的"伊利昂石碑"。它们一度被古典学者视作与特洛伊有关的若干部史诗（《伊利亚特》《厄提俄皮斯》《劫掠特洛伊》等）蹩脚的缩影，而它们被制造出来，主要是为了供那些自命不凡又没有时间（或者兴趣）研读经典的罗马人做现成的参考。不过一种很有说服力的看法认为，无论谁拥有这些财产（抛开主人不谈，它们的制作者明显是希腊人），他们都必然对整套特洛伊传奇有着精微和灵活的理解。浮雕的细节已经不如原来清楚：在卡比多里尼石碑的"Ω"区域，我们看到一具遗体（肯定是赫克托耳的）正在被搬动。但我们无法确定的，是三个人（就像19世纪的一幅画暗示的那样）在搬运遗体，还是两个人抬着遗体，而第三个人（老普里阿摩斯？）抓着死者的手（正如后面的图像所表现的那样）。与之并列的是一辆马车，里面装着普里阿摩斯为赎回儿子的遗体带来的礼物。然后，普里阿摩斯被赫尔墨斯引导着（《伊利亚特》，24.457），走进阿喀琉斯的营帐，乞求他的怜悯（见图54）。

　　从概念上讲，从右向左看是没有问题的，但我们应该考虑事件发生的顺序。如果我们的眼睛继续往下看，我们就不得不注意到在"ρ"区域反复出现的搬运遗体的母题。这里刻画了死去的帕特洛克罗斯，难道这只是巧合吗？还是说视觉上的重复暗示着（用迈克尔·斯夸尔的话来说）赫克托耳之死与帕特洛克罗斯之死的"一种语义关系"？这两种绘图形式是否可以认为来自同一个语义相关的原型，即抢救萨尔珀冬的遗体？

　　有助于识别该母题的一个标志是所谓的"死者之臂"：耷拉下

图50：青铜"基斯塔"把手，来自普莱内斯特，公元前4世纪。高13.3厘米。纽约，大都会艺术博物馆，编号13.227.7。

图51：青铜"基斯塔"把手，公元前400—前375年。高14厘米（未包含底座）。克利夫兰艺术博物馆，韦德基金会，编号1945.13（之前曾是卡斯特拉尼的藏品）。

图52：红玛瑙浮雕，约公元前500年。一男一女两位长翅膀的人抬着一位战士的遗体。长16毫米。波士顿美术博物馆，编号21.1200（之前曾是杜斯基维茨/路易斯家族的藏品）。

图53：伊利昂石碑上的大理石浮雕，来自卡比多里尼，公元前1世纪晚期。高42厘米。罗马，卡比多里尼博物馆，编号316。

图54：伊利昂石碑细部（Ω区）。从左至右，可以依次认出赫克托耳；"赫克托耳的赎金"——令人想起《伊利亚特》第24章（Ω）的标题；接下来是赫尔墨斯、普里阿摩斯和阿喀琉斯。

图像的来世（1）　　181

图55：象牙浮雕，来自庞贝（Regio I.2.5），公元前1世纪中叶。象牙的另一边（功能未知）雕刻了一位正被照料的伤者（阿多尼斯？）。高7.6厘米。那不勒斯考古博物馆，编号109905。

图像的来世(1) 183

来的手臂是丧失意识的象征。这个源于意大利语的短语是自相矛盾的，因为它也可以指监狱里的"死囚区"，但无论它是否符合生理学原理，都在欧弗洛尼奥斯之后的数百年里一直为艺术家们所用。而且，不仅是艺术家，苏维托尼乌斯《恺撒传》(*Life of Julius Caesar*) 里的一段细节描写尽管看起来不太可靠，也证实了这一点。虽然这部作品创作于恺撒遇刺身亡（公元前44年）一个世纪后，却表现出了只有亲眼见证才会有的精确性（可能基于共和末期的史料）。我们在这里能看到，当苏维托尼乌斯叙述这名独裁者遇刺的故事时，他明确指出，在恺撒被捅数十刀之后，不仅行刺者的同谋全部逃走，而且恺撒的亲友也无一靠近：在这种情况下，最后是三个奴隶找到恺撒的遗体，用担架将其抬回了家，"一只胳膊耷拉下来"（《恺撒传》，8）。苏维托尼乌斯为什么要将这样的观察写进他的作品？是他希望在读者的脑海里唤起阵亡英雄回家的"经典"图像吗？无论是否出于这种目的，这种做法都不会不合时宜：毕竟，恺撒极为惨烈的结局也是其英雄化的一个重要阶段。几天后，罗马元老院就将投票决定：尤利乌斯·恺撒成神，进入罗马万神殿。

这种分析的视觉依据不难找到。我们再次因为承载同一（或非常接近的）母题的媒介种类之多而感到吃惊。例如一块弯曲的小象牙浮雕饰板（图55）、一块较大的大理石板（图56），以及一只赤陶灯（图57）。

这些图像拥有某些共同的特征，例如背景里都有一位年长者

图56：一块大理石浮雕残片细部，上面有葬礼上搬动遗体的场景，公元1世纪初。可能来自托斯卡纳地区的一座庄园。与之匹配的一块残片被保存在罗马的科隆纳宫。高93厘米。格罗塔费拉塔，圣玛利亚修道院，编号1155。

陪伴在遗体旁，但这并不是说它们的主题就应该是相同的。格罗塔费拉塔浮雕可能表现的是墨勒阿革洛斯，他在某一版本的故事里战死了；考虑到这一浮雕中的盾牌和头盔都很漂亮，主角也有可能是阿喀琉斯（他的盔甲将成为埃阿斯和奥德修斯争夺的对象，这是特洛伊悲剧的另一来源）。来自庞贝一块小饰板上的浮雕人物，则被认为是阿多尼斯，尽管我们并不清楚为什么阿多尼斯作为一个猎人，死后会被战士装束的人带走。然而，所有这些例子都与萨尔珀冬有共同之处。他们都是英年早逝的范例。因此，在帝国时代的罗马石棺上,我们才能看到希腊罗马艺术在最大限度上对萨尔珀冬母题的"再利用"或"再加工"。

罗马真正的桂冠诗人是维吉尔。他在两首不同的诗里,想象了步入冥府以及看到那里诸多魂灵的景象。这些魂灵多如秋叶,但他对其中一些人表示了特别的怜悯:"勇敢的英雄、少年、未婚的姑娘,以及在父母注视下被放到火葬柴堆上的年轻人。"(《埃涅阿斯纪》,6.305-12;另见 G. 4.475f)尽管"英年早逝"在古代可能是司空见惯的事情,但它带给人们的痛苦仍然是非常可怕的。因而,我们不必对这样的事实感到吃惊:许多为罗马人制造的石棺,装饰主题似乎都集中在讲述早逝内容的神话故事。石棺图案可能需要观者做一些横向思考:例如,少年阿喀琉斯在斯基罗斯

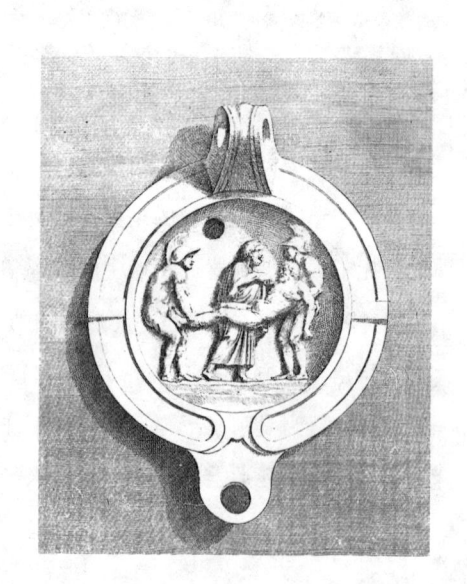

图57:一盏罗马油灯(现已丢失)的古画。G.P. 贝洛里为其简单冠名为"死去的战士"。公元前1世纪?

岛国王吕科墨得斯宫廷穿戴成女孩样貌的场景,可能就不得不与他的母亲忒提斯的动机有关,因为是她将阿喀琉斯送到了那里(她这么做是希望她注定死在特洛伊的儿子能够避开希腊军队的征召)。引用伊卡洛斯摔死的例子,最初似乎只是一个关于子女不孝顺父母的教训,而不是早逝。当我们看到人们转述美狄亚的故事时,关心她的孩子以及伊阿宋年轻新妻子克瑞乌萨的命运,或许并不是观众心中最重要的事。然而,其他场景显然也起到了抚慰人心的作用,正如本章开头引用的亚历山德里亚墓志铭中的诗句一样——即使是英雄和神祇所爱的人,也可能英年早逝。

200多个现存的石棺或石棺碎片表现了英雄墨勒阿革洛斯的特写,从而使他的故事成为这种浮雕题材最喜欢的神话主题。墨勒阿革洛斯故事如此受欢迎的原因众说纷纭,这可能与公元1世纪初奥维德在他的《变形记》(*Metamorphoses*)里,将墨勒阿革洛斯的故事编入充满英雄主义色彩的六韵步诗歌有关。但就像许多希腊神话一样,这位英雄的故事也有很多版本,而这对人们理解图像可能很重要。在荷马史诗里,墨勒阿革洛斯是一流的战士,他就像阿喀琉斯一样,由于生气而变得"消极怠战",但他的名望主要来自他杀了一头巨大的野猪,这头野猪践踏了他父亲位于埃托利亚的卡吕冬王国。(《伊利亚特》,9.529f)这一故事最有名的版本是奥维德可能基于欧里庇得斯一部失传的悲剧讲述的(《变形记》,8.267–546):在杀死野猪后,墨勒阿革洛斯与他的狩猎伙伴们饱餐一顿,然后将它的皮作为礼物送给了自己的新女友——步伐敏捷的阿塔兰忒,她是第一个刺中野猪的人。而他的这一行为激怒了他母亲的兄弟们,他们同样参加了这次行动。在随后的争执中,墨勒阿革洛斯杀死了两位舅舅。死讯很快传到他母亲阿尔泰娅的耳中。她有一个秘密:当墨勒阿革洛斯出生时,命运女神出现并告诉她,她儿子的寿命将会与灶台里的某根木头一样长。阿尔泰娅听后,赶紧抓起那根木头,细心地保存起来。现在,她由于兄弟被杀,对儿子大发雷霆。在讲述木头如何被扔进火焰前,奥维德乐于表现母亲和妹妹致命的两难困境。等木头一烧起来,仍然与其队伍停留在村野的墨勒阿革洛斯,就莫名其妙地变得虚弱并死去了。

"卡吕冬陷入了无限的悲痛之中。"奥维德声称,只有将他诗歌的力量再增加100倍,才能表达出人们对墨勒阿革洛斯之死的哀痛。阿尔泰娅自杀身亡;亲人和朋友们痛苦不堪;墨勒阿革洛斯的几个姐妹凄惨地哭个不停,以至于都变成了"珍珠鸡"。也许正是这种极度的悲伤气氛,才使这个主题十分适合用来装饰石棺。尽管这个神话本身很迷人,但它为观者与罗马丧葬习俗之间的关联提供了"桥梁"(借用保罗·赞克的术语):例如,围猎野猪者的宴会可能类似或反映了家族为纪念逝去祖先而举行的野外扫墓餐。而且,雕塑家们接受了奥维德含蓄地提出的挑战,即一件艺术作品应如何表现墨勒阿革洛斯之死带来的巨大震动。相当多石棺上的浮雕显示,一具年轻的遗体躺在灵柩中,旁边的家人和仆役则摆出各种悲伤的姿态。但更多石棺表现的则是一大群人护送遗体回家的场景，参与者可能包括狄奥斯库里（与他们的马）及其他猎人，墨勒阿革洛斯的父亲奥俄纽斯国王、姐妹、年迈的老师以及他的挚爱阿塔兰忒。如果有战士或战车，那反映的可能是荷马版本的故事，或者说明了墨勒阿革洛斯的担心（奥维德提到了这一点，《变形记》，8.515-25）：他的死亡不如倒在战场上荣耀。但最重要的是，观众的注意力被英雄的遗体所吸引。英雄的遗体通常是赤裸的，与周围披甲戴盔或身着长袍的人截然不同（他们的长袍以明显的对角线波动，表现出情感上的悲痛），而且遗体的体形之大也往往异于常人。根据叙述，墨勒阿革洛斯是缓缓死去的，因为决定他寿命的木头是一点一点燃烧的。在石棺的浮雕上，他已经死去的主要标志当然就是"死者之臂"——软绵绵的手臂垂直地悬着。

这种类型的"经典"范例，即一具自文艺复兴时期就为人所知的石棺（见P209），或许可以在罗马的多利亚潘菲利宫看到，那里展览着各式各样的文物、卡拉瓦乔和其他"古代大师"的画作（图58）。石棺浮雕主要表现的是导致墨勒阿革洛斯之死的围猎野猪的场景；在石棺另一侧，我们发现了坐在一块岩石上的女猎手阿塔兰忒，她用一只手紧紧捂着脸，显然是一副被什么可怖之事吓坏的样子。死亡发生于石棺作为一个整体所确定的装饰时间框架内。因此，在沿着棺盖正面横向排列的送葬队伍里，观众的目

图58：罗马大理石石棺，刻画了围猎卡吕冬野猪和墨勒阿革洛斯的死亡（左上角），170—180年。约为1.24米×2.47米×1.10米。罗马，多利亚潘菲利宫。

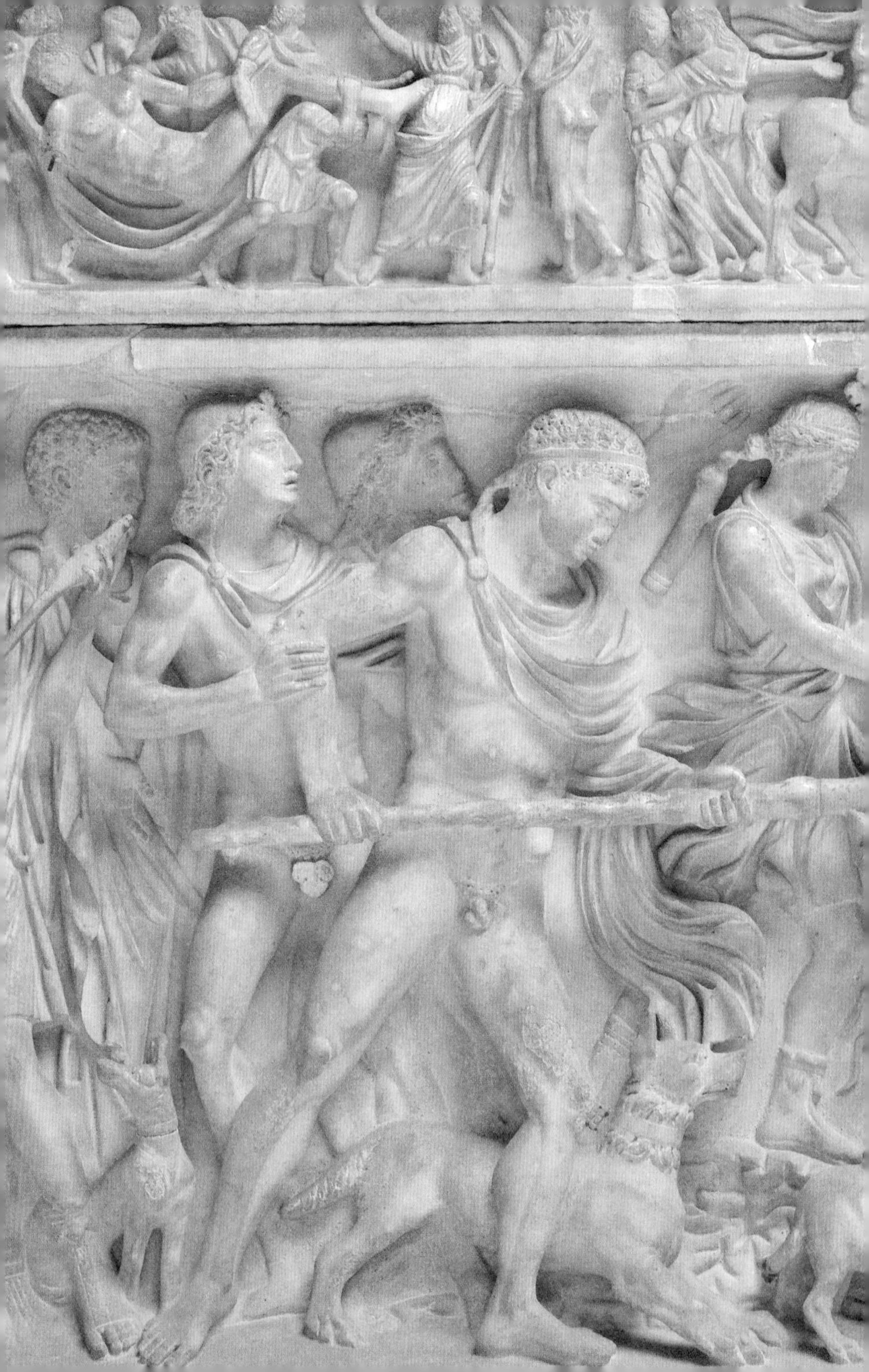

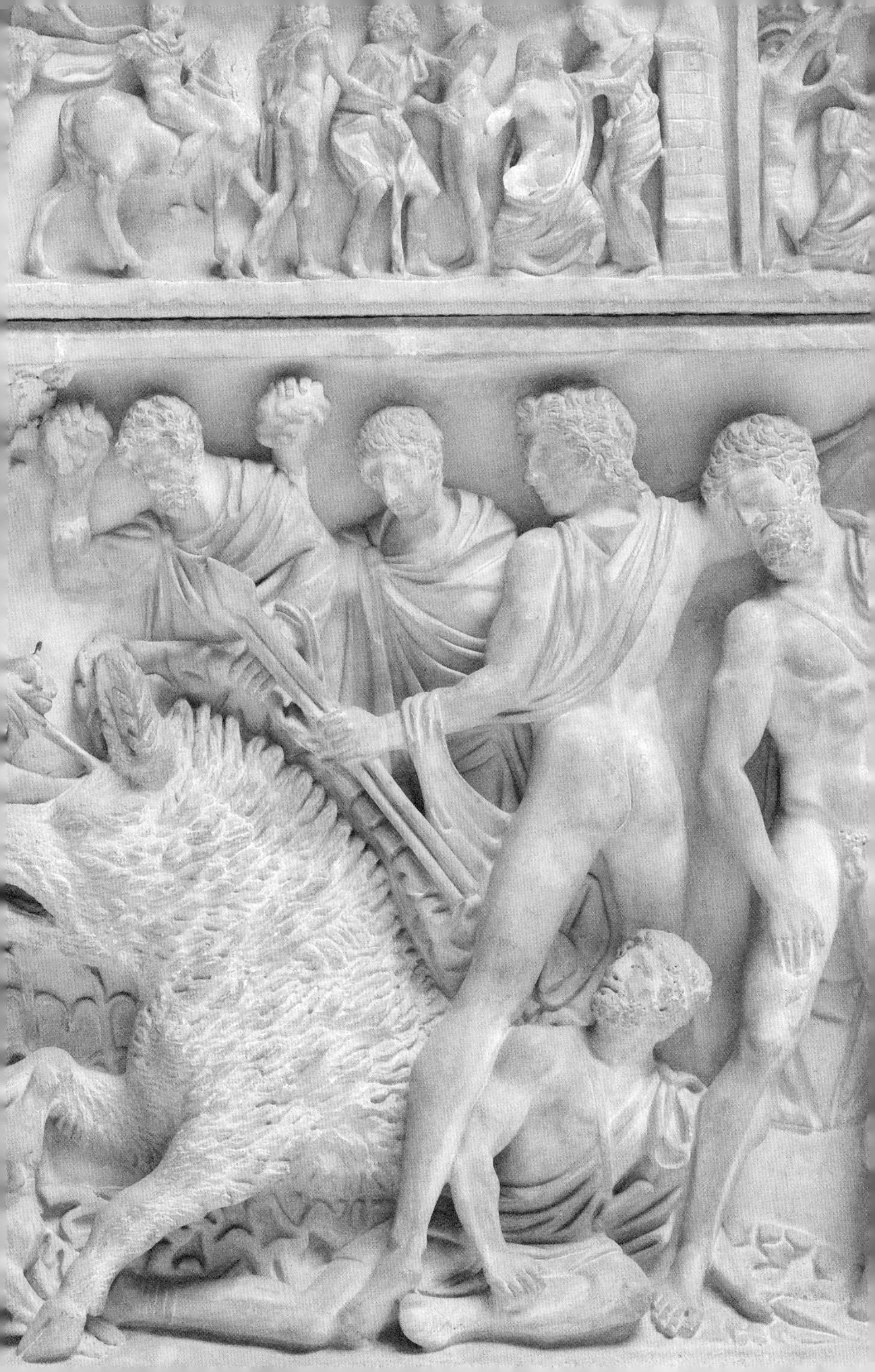

图 59：石棺盖细部。盖子高 30 厘米。罗马，多利亚潘菲利宫。

光将会聚焦于年轻的墨勒阿革洛斯的遗体（图 59）。随着时间的推移，浮雕的细节已经被侵蚀，但侵蚀只会增强浮雕构图的显著特征。这里的墨勒阿革洛斯明显比那些搬运他遗体的人更高大。他的身体下方有一块布帘，可能代表着一副比较简陋的担架，但除此之外，抬着英雄的三个人显然都很挣扎。一个人转过头来，好像想找人帮忙。另一个人则笨拙地抱着墨勒阿革洛斯的大腿。向前的方向也有一个人，他似乎把墨勒阿革洛斯的腿放到自己的肩膀上，双膝弯曲，蹒跚前行。

这座石棺大概是在罗马发现的。它过去很可能被安置于罗马人的一个家族墓地，用于家族成员定期前来祭拜他们伟大的祖先。虽然我们称之为"罗马式"石棺，但它极有可能是希腊雕塑家的

图60：一座罗马大理石石棺细部，刻画了一群正在模仿英雄葬礼场景的小孩，约公元160年。整片浮雕高40厘米。巴塞尔，古代美术博物馆，编号434。

作品。石棺的制造显然是一个跨地中海的过程，涉及古罗马小亚细亚的特拉莱斯、阿佛洛狄西亚等城市，而这些地方有重要的大理石原料和雕塑作坊。石棺抵达罗马后，可能还需要做最后的修饰。再一次，我们想起古代神话和母题的传播：这一过程跨越了空间和时间，因此公元前6世纪晚期在雅典设计出来的图像，到了罗马帝国的安敦尼王朝时基本上仍然"普遍存在"。

为一个孩子之死准备的石棺，证明了这一母题已经变得多么"经典"（毫无疑问，这标志着英年早逝）。它产生了——"产生"在这里似乎是适当的动词——主题上的视觉变化（图60）。没有成年人在场，取而代之的是一群小天使，或者丘比特。他们尽其所能认真地演绎着英雄被带回家的场面，"死者之臂"也出现了。

* * * * * *

图像的来世（2）

英雄的变形：基督教仪式中的异教徒原型

当忒修斯走进迷宫的时候,阿里阿德涅给了他一点提示(clue)。"clue"有时候也会拼写成"clew",原意是一个线团或一条纱线。只要忒修斯在执行杀死米诺陶的任务时使用阿里阿德涅提供的线团,他就能顺着线找到一条走出迷宫的路。我们研究萨尔珀冬陶瓶的旅程已经到了一个关键点,现在我们必须依赖一条或者数条线索,才能继续下去。

在一个充满图像的世界里,一幅图像通常衍生自另一幅图像,这是不言而喻的;而新生的图像即使不是直接产生于现有的图像库,那多少也对其有所借鉴,无论这种借鉴是有心还是无意。我们习惯了"拍照",但任何通过相机镜头看世界的人,都已经被构成一幅图像的感官体验所引导。这种视觉适应的过程几乎是不可避免的:只有经过最严格的单独监禁训练或某种精心设计的记忆消除程序,才会让摄影师或艺术家真正地"重新"看见这个世界。

据我们所知,人类大约在4万年前就开始在二维和三维空间中进行符号表达。因此,如果与地质学相比,艺术史是相对近代的。尽管如此,从时间下游涌现的东西在数量上似乎仍然具有压倒性的优势。面对绵延数百年乃至数千年的图像传播,我们如何知道一幅图像何时诞生,又是何时衍生出了另一幅图像?在为这幅或那幅图像寻找"谱系"的线索时,我们应该转向哪个方向?

幸运的是,有一些现成的方法。在一定程度上,这些方法的确立证明了艺术史作为一门学科进行学术性研究的合理性;我们在多大程度上想把这些方法归为"科学"是有争议的。但重要的是，在重建特定图像的来世时，有一种来自调查实践的类比受到了人们的青睐。同样，我们应该指出"vestiges"这个词的字面意义。它的意思是足迹，即某些动物在地表活动留下的痕迹。这些痕迹可能包括脚和爪子留下的真实痕迹，但也可能是其他痕迹，诸如折断的树枝或一片被压扁的草地。如果识别这些痕迹是人类的一种古老技能，而这种技能我们大多数人都没有练习过，那么，也许我们会更愿意看一看它现代化的实例，并考虑刑事调查的隐喻。将司法调查人员从犯罪现场引向犯罪者（们）的生动细节（线索）也同样微妙，而且易于被人忽视。

人们注意到，比兹利一生的使命就是为希腊彩陶寻找作者，驱使他的就是"谁是凶手？"之类的问题。而在比兹利开始他的研究前，以夏洛克·福尔摩斯这一角色为代表，大众对案件调查过程的好奇心就已经开始与日俱增，这也许并非巧合。对于阿比·瓦尔堡和那些最终在布卢姆茨伯里聚集在他周围的"瓦尔堡学院"的艺术史家来说，关于隐喻的调查研究也被证明是有用的。1895年左右，瓦尔堡意识到自己对"美学化的艺术史"的厌恶，这种关于艺术品的写作类型通常语气狂放，只关注它们的"美"。于是，他决心寻找被认为是"生物学意义上的必需品"的图像创作的起源。瓦尔堡并不是人类学家，但他通过"田野调查"（在新墨西哥州的"初民"中）证明了他的信念：现代审美反应建立在前工业时代宗教图像产生的基础之上。然后，艺术史就变成了（正如他所说的那样：他喜欢惊人的隐喻）"给成年人的鬼故事"。

也就是说，人们开始注意到基本力量和精神最初产生符号表达的过程。

瓦尔堡的追随者们（以埃尔文·帕诺夫斯基和恩斯特·H.贡布里希为代表）将他的方法称为"象征主义"，而（被贡布里希）定义为"通过视觉图像对历史进程所做的研究和阐释"。从未有过学术职务，也从未出版过书籍的瓦尔堡本人（他幸运地出生在一个银行世家），对此的解释更简洁一些。在其看来，这是作为一种调查类型的艺术史，它就是"侦探工作"。

换个比喻：就任何属于"现代世界"的图像而言——这里的"图像"不必是这样的"艺术品"，而且历史学家会将1492年作为"现代世界"的起点——瓦尔堡的座右铭可能是"注意寻找隐藏的纵深"。瓦尔堡对鬼魂在图像中的特殊表现方式和中世纪晚期以来欧洲艺术中"古人的来世"这一观念的研究，与我们当前的目的密切相关。这就是他的"激情程式"概念（Pathos Formel，或者他所说的"工具"）。英文转译为"Pathos Formula"，这一复合术语目前已经是相对有名的学术话语了。但是，它的应用并非一帆风顺，而且在提出后马上遭到了是否可行的质疑。"激情"在这里指的是一种引起怜悯或伤心的痛苦之情。"程式"则是指某些确定的规则或程序。对我们大多数人来说，痛苦的感觉（在古典修辞学中被定义为"灵魂的运动或激荡"）是无意识、"感人"，甚至是非理性的。它怎么可能是"程式化的"，拥有固定的规则、模式或者程序呢？正如一位评论家（萨尔瓦多·赛提斯）已经指出的，这种语义张力使瓦尔堡的"激情程式"成为我们"解读"图像的一个强有力的工具，因为它触及了语言无法描述的东西。瓦尔堡并不否认美学效果（实际上也不否认"情绪波动"），他只是想知道它是怎么产生的，并以此衡量一幅图像在审美和心理力量层面的隐藏纵深。

瓦尔堡没有见过数码图像和"PowerPoint"，甚至可能都没有用过幻灯片。但作为一个热情的藏书家，以及1933年随他一道从汉堡迁徙到伦敦的图书馆的经营者，他觉得可以随心所欲地使用已经出版的图片。他的研究策略之一是把图片并列放在一起：如果不是通过照片或印刷品，那就是用他自己的书，把这些书翻到相关页面展示。通过这种方法，他构建起了一个图片集，并作为一个实验项目，用古希腊记忆女神的名字"摩涅摩叙涅"为其命名。一系列的面板或"海报"（我们会这么称呼它们）随之产生，其中还有一些老照片保存下来。

"摩涅摩叙涅"系列里编号为42的一组图片值得我们关注（图61）。瓦尔堡几乎没有为这组图片留下任何评论，这些图片在时间和空间上的范围并不大：它们都来源于意大利，大体上都属于文艺复兴时期。那么，瓦尔堡想通过它们的并置证明什么呢？他的学生格特鲁德·宾抄录了一段不连贯的文字，行文如下："致命痛苦的悲怆（彭透斯，十字架上的女祭司）。世俗对死者致哀的

图61："摩涅摩叙涅"图片集，编号42，1925年9月。左上角是多纳泰罗的《帕多瓦的圣安东尼安抚愤怒的儿子》（帕多瓦）；左下角是拉斐尔《哀悼基督》的素描图（大英博物馆）。约为1.50米×2.00米。伦敦，瓦尔堡学院。

42

英雄主义化。教会对死者的哀悼。救赎者之死。埋葬。对死亡的沉思。"

这些说明晦涩难懂，我们暂时不去理会，因为它们无法直接回答我们的问题。这里的统一原则在很大程度上是隐性的。这些图像的共同之处在于，虽然它们就主题和目标来说大多是基督教式的，但就风格和布局来看，它们却似乎都指向同一个来源：古代异教徒的石棺。

我们在前一章中研究过其中一个石棺，而其与萨尔珀冬陶瓶联系起来的逻辑可能会得到重述。别忘了，陶瓶本身绝对不在公众的视野之内：它被密封在伊特鲁里亚人的坟墓里，就像济慈的"希腊瓮"，是"静默和悠悠岁月养育的孩子"，它并不会产生直接的图像学影响。欧弗洛尼奥斯创作的这一经典图像属于古典时代的素材库，这些石棺的浮雕自然也在此列——正如上文所述，它们是希腊人或者受过希腊人训练的雕塑家在罗马帝国庞大的经济体之内创作的。某些石棺被放到了地下墓穴，但其他石棺都留在地面上，遍布于罗马（以及更远）的家族纪念地。它们在"古代终结"的时候遭遇了什么？（就这一背景而言，我们在这里指的是罗马帝国的基督教转型、外国军队对意大利的连续入侵，以及权力从罗马转移到拜占庭。公元410年，也就是西哥特领袖阿拉里克洗劫罗马的那一年，以此分期较为方便。）

尽管瓦尔堡被这一图像的"考古学"地层深深吸引着，但他从未在这个基本的考古学问题上花太多心思，而这一问题相对而言仍然需要研究。不过令人印象深刻的是，有证据表明在意大利各地可以见到大量的古代石棺，它们还拥有进入基督徒崇拜场所的资格。有些石棺只是被当作可用的建筑材料或者输水管，但另外一些石棺则因为原先的丧葬功能得到认可而受到尊崇，甚至被重新使用。在维泰博，一位名叫加利亚纳的年轻女子（她的美貌是当地宫廷罗曼史的主要内容）于1135年英年早逝，她的墓穴（在一座教堂大门上仍然可以看到它的复制品）是一座属于帝国晚期风格的罗马石棺，上面雕刻了一个壮观的野猪狩猎场景，其中还有狮子出没。1076年，比萨一位名叫玛蒂尔达的女伯爵将她的母亲葬在了一座古代的石棺内，石棺上的图像描绘了神话里希波吕托斯和菲德拉的悲剧故事。我们不知道玛蒂尔达和她的母亲是否知晓这个故事，也不清楚这座石棺之前的主人是否被"驱逐"了，但不管怎样，这座石棺连同其他石棺一起，可以在当时的比萨公墓里被人看到。因此，对于一位在13世纪定居于比萨并在这里声名鹊起（后来变成了尼古拉·比萨诺）的雕塑家来说，这些石棺并不陌生，他应该是从这些历史遗迹中汲取了灵感。

另一位托斯卡纳人，在数个世纪后出版了其著名作品《艺术家列传》(Life Of The Artists)的乔治·瓦萨里，看到了这种联系。他为尼古拉·比萨诺（和他的儿子乔瓦尼一起）创作的传记着重讲述了古代石棺浮雕对尼古拉风格的影响。瓦萨里说，由于被希波吕托斯狩猎的场景所误导，玛蒂尔达再次使用的石棺上刻画的是墨勒阿革洛斯和卡吕冬野猪。但主题也许并不是那么重要，更重要的是雕刻的典型风格,这促使尼古拉放弃了"粗糙和比例失调的传统拜占庭风格"。

瓦萨里对古典艺术形式的偏爱众所周知。他对艺术卓越性的颂扬,最终必然以他心目中最伟大的英雄,即神一样的米开朗基罗而达到高潮。然而,他指出了近代早期欧洲历史上的一个重要现象。"文艺复兴起源于坟墓。"这句格言是瓦尔堡的朋友、荷兰文化史家安德烈·乔勒斯提出来的,他的依据就是比萨诺对罗马石棺的利用。乔勒斯承认这种说法有些鲁莽,但它却蕴含着关于我们正在探索的具体图像发展轨迹的真相。即使没有瓦萨里的论断,我们也可以看到尼古拉·比萨诺和他的儿子乔瓦尼为了服务于托斯卡纳大教堂气派的大理石讲坛的基督教主题,对当时保存下来的罗马石棺的浮雕人像进行的调整。来自玛蒂尔达石棺的菲德拉沉思像最早可追溯至公元2世纪,但它却是尼古拉为比萨洗礼堂创作的《三博士朝圣》中冷漠的圣母形象的来源(1260),而在典型地表现罗马战争场面的石棺上捕捉到的那种混乱的暴力场面,一定激发了乔瓦尼于1300年在皮斯托亚创作《屠杀无辜者》(*Massacre of the Innocents*)时的灵感。这种"新的旧风格"显然得到了人们的青睐,因为下一代两位杰出的佛罗伦萨雕塑家洛伦佐·吉贝尔蒂和多纳泰罗也有同样的借鉴。人们判断,对吉贝尔蒂来说,古代石棺最重要的是为他提供了大量处于运动中的人像素材:"舞者、裸体青年和奔跑的女孩、衣服被风吹起的女神、搬运货物的男人、在悲伤中挣扎或洋溢着酒神般喜悦的人像。"从吉贝尔蒂自己的评论中,我们知道他在理论上对经典模型有多么推崇,但我们应该记住,这种模型在当时并没有多少真实存在的样本。瓦萨里在16世纪中叶就意识到了这一考古学事实——"在古物还未出土时",多纳泰罗就从古代汲取了创作经验,这更值得称赞。

瓦萨里的描述暗示,正是古典雕塑遗迹所代表的风格成就,使14世纪和15世纪意大利文艺复兴时期的艺术家着迷,并推动他们在技术上努力模仿。冒着过于"讲求实际"之嫌,我们或许可以谈谈求助于古典艺术风格的一个甚至更根本的动机。例如,多纳泰罗受委托装饰帕多瓦一座献给圣安东尼的大教堂的主祭台。他自然地将祭台形式用作一种视觉叙事的空间,这一故事不仅与圣餐礼有关,还表现了去世后不久,就在1232年被封圣的方济各会修士安东尼的圣洁。那些来到祭台前的人会被邀请冥想基督的遗体,仿佛他是"真实的存在"。这便使雕塑家有充分理由想象,基督的遗体从十字架上被解下来准备埋葬时,会是一番怎样的景象(图62)。但是,我们的这位艺术家过去真的目睹过这样的场景吗?宗教文献对事件的口头描述几乎没有提供多少可供想象的细节,因此需要一个范本。事实证明,当后来的艺术家承担了同样的任务时,他们不惮于在工作室放一具真正的尸体。另一种选择是使用过去的范本,可能是"二手的",但至少在保持静止方面无可挑剔。虽然我们不能具体确定他使用的材料,但多纳泰罗似乎采用了后一种方法。一般来说,他画笔下聚集的人群中有几个

图62：《基督被解下十字架》，多纳泰罗绘，1445—1449年。关于这一事件，《圣经》的记载较为模糊：《约翰福音》提到两个人（亚利马太的约瑟和尼哥底母）用没药和芦荟浸泡过的麻布条将基督的遗体绑了起来。帕多瓦，圣安东尼奥。

男人正打算将遗体摆放好,而在背景中,旁观的女人则表现出悲伤的姿态——尖叫,手臂高举,撕扯头发。可以肯定,这种灵感来自墨勒阿革洛斯石棺。至于圣安东尼造成的某些奇迹,尽管有证据表明它们是相对晚近发生的事件,但这位雕刻家在他创造的"广角"画面中仍然"引用"了罗马的建筑遗迹。因此,在罗马帝国时代的筒形拱顶背景前,一头驴子逼迫圣人跪下来感谢圣餐;多纳泰罗(字面意义上?)借鉴了古典石棺的风格,画了安东尼跪着为一名砍断了自己双脚的年轻人治疗的场景,这名年轻人因为踢了他的母亲,充满了悔恨之情。*

需要注意的是,这里涉及风格选择的问题。在帕多瓦,这一点可能已经足够明显了。1305年,乔托为竞技场礼拜堂所作的壁画在许多方面展示了这位画家的天才。他也被认为研究过一些古代浮雕,但其风格显然更倾向于拜占庭式而非古典式。这种观点符合逻辑,因为这种画作一般被称为《哀悼基督》(*Pietà*),描述了从十字架上被解下来的基督遗体,这来自拜占庭"葬礼哀悼"的礼拜传统。与此同时,在阿尔卑斯山以北,"悲痛的母亲"照料她已经长大成人的儿子鲜血淋漓、遍体鳞伤的身体这一哥特式景象,变成了祈祷仪式的一部分——正如著名的《罗特根的哀悼基督》(*Röttgen Pietà*,约1325年)所证明的那样。选择古典传统需

---

* 瓦尔堡会认为这是一个很好的"能量反转"与"激情程式"的例子。也就是说,古典素材库所包含的酒神狂乱导致一位母亲将儿子肢解的场景(也就是图2的凉钵所描述的彭透斯的命运),在这里已经被改编成相反的行为:被肢解的身体部分地复原了。

要一些不同的东西。我们不能把基督想象成一个身体残缺的人，而应该将其想象成一个年轻、优雅、健壮的人。这就是陈展于圣彼得大教堂青年米开朗基罗版《哀悼基督》（约1498—1500年）中基督的样子。换句话说，这位基督看起来像萨尔珀冬。

当多纳泰罗在帕多瓦创作这些浮雕时，一位名叫安德烈亚·曼特尼亚的青年画家目睹了这些作品，并从中吸取了经验。曼特尼亚是弗朗西斯科·斯夸尔乔内的徒弟和养子，后者是以古代雕塑做石膏模子的先驱。因此，曼特尼亚继续与古典浮雕保持着创造性联系，并发展出一种可以在二维空间模仿浮雕效果的灰色单色画技术，也就不足为奇了。然而，更重要的是文艺复兴人的原型莱昂·巴蒂斯塔·阿尔贝蒂本人的理论干预。1435年，阿尔贝蒂的《论绘画》（*De Pictura*）发表。在展示自己能用拉丁文优雅地写作之后，他第二年又完成了一个意大利文版，表面上献给资深建筑师菲利波·布鲁内列斯基，实际暗指他们共同的朋友多纳泰罗，同时也诚挚地献给吉贝尔蒂（用的是他的昵称"农西奥"）。阿尔贝蒂含蓄地承认，这两位雕塑家与卢卡·德拉·罗比亚已经缩小了雕塑与绘画之间的鸿沟。阿尔贝蒂关于运用古代石棺的论述表明，画家应该反过来从浮雕艺术中吸取经验。在一段引文中，阿尔贝蒂提到了他知道的一段罗马浮雕。他称其"备受赞誉"，"在浮雕中，墨勒阿革洛斯的遗体被抬着，抬遗体者倍感压力。他的四肢好像都已经彻底死亡；身体每一个部位都耷拉着——手、手指、脑袋，每一个部位都无精打采地垂着；你看得很清楚,要画出一具遗体有多难……尸体的四肢都必须像死了一样,连指甲也不例外"。

阿尔贝蒂1430年左右逗留罗马时,当地明显还可以看到几座展示墨勒阿革洛斯故事的石棺,它们包括多利亚潘菲利宫的石棺(见图58),以及另一座曾出现在巴贝里尼宫,但目前位于巴西的石棺;或者他可能也提到了一座已经消失的石棺(图63)。*无论如何,我们都认为,一个墨勒阿革洛斯石棺往往会看起来与其他的墨勒阿革洛斯石棺很像,而它们(如我们的观点所述)最终都源自萨尔珀冬母题。正如我们已经注意到的,在同一主题的作品中,萨尔珀冬沉重遗体产生的重力在搬运遗体者身上得到了明显的表现。它传达的视觉信息很清楚:沉重的遗体搬起来很费劲儿,而这似乎正是阿尔贝蒂推崇的现实主义。然而,阿尔贝蒂并不建议接受描绘遗体任务的画家带着写生本去观摩停尸房。法医学上的精确并不是他们的目标。相反,阿尔贝蒂认为画家应研究古代范本,并借此指导我们用图像表达令人信服的"伊斯托里亚"(istoria)。

阿尔贝蒂的意大利文在这里听起来像拉丁文"historia"。但我们马上也会意识到,如果这个词是用来指诸如墨勒阿革洛斯的故事一类的神话或传说,将"istoria"翻译成"历史"(history)就是行不通的,翻译成"故事"(story)也不怎么准确。当代学术界可能更倾向于使用"叙事"(narrative),不过阿尔贝蒂对

---

* 据说,巴贝里尼宫的石棺来自蒙提切利的圣玛利亚教堂,很多艺术家都为其画过像。圣保罗,阿西斯·夏多布里昂艺术博物馆,编号441E。

图63：罗马夏拉宫一座罗马大理石石棺盖的细部（来自一张老照片）。之前曾经出现在圣博尼法乔教堂和阿文丁山上的阿莱西奥教堂。公元2世纪晚期。约为29厘米×227厘米。下落不明。

"istoria"一词的运用太独特了，一些译者甚至并未翻译它，而是使用了原文。无论我们怎么翻译，阿尔贝蒂的建议都是明确的。无论艺术家是在描绘一则古典神话、一个罗马历史事件，抑或一个基督受难的场景，他的首要任务都是使其可信，既包括美学上的可信，也包括情感效果上的可信。一个"伊斯托里亚"包含着特定模式的真相，既特殊又普遍。而艺术家的任务是创造必要的视觉连贯性，进而传递这种真相。

像戏剧导演一样，阿尔贝蒂提出了一些舞台设计原则：他不喜欢过于空旷，也不喜欢过于繁忙和拥挤的场景。他的基本要求是对细节进行通透的思考，这种要求几近学究。举例而言，如果一位画家正在描绘一场涉及马人的战斗，作为马人在宴会醉酒之后发生的一个"伊斯托里亚"，这个混战的场景中就不应该有任何一只酒罐还立着：混乱必须是彻底的。

在引用墨勒阿革洛斯浮雕作为这种"令人信服"的范例时，阿尔贝蒂并不是在倡导造成后来卡诺瓦或弗拉克斯曼这种冷冰冰的新古典主义风格的复制。作为15世纪中期来自佛罗伦萨的人文主义者，他将古典时代显而易见且广为人知的成就视为一种挑战：它们是卓越的试金石，不仅可以被模仿、匹敌，也可能被超越。从大约1500年起，造访罗马的艺术家确实仔细研究了古代石棺上的浮雕场景（虽然不总是原样的复制，图64和图65），这种研究似乎是为了满足他们学徒时期的要求。然而，复制过去本身并不是目的，阿尔贝蒂和他的追随者也不会被我们称为"剽窃"的罪行所困扰。阿尔贝蒂并没有直接预见瓦尔堡"程式化"或"概略化"的图像分析，不过他还是认识到了既定的反应模式，就像平面、透视和比例一样，这种模式也同样遵从物理法则。关于像菲狄亚斯和阿佩莱斯之类艺术家的古典文献清楚地表明，这些大师都曾努力应对表现美丽、神奇和"动人"事物时的技术挑战。因此，古代文物是活生生的例子。

践行阿尔贝蒂建议最著名的范例，必然是拉斐尔的《哀悼基督》（*Deposition*）或《埋葬耶稣》（*Entombment*）（图66）。这幅画作的受托本身就是一个与一位青年的惨死和一位悲痛欲绝的母亲（她碰巧也叫阿塔兰忒）有关的"伊斯托里亚"。它的构图似乎

图64:"阿米科"阿斯贝蒂尼一个素描本的细节,约1533年。显然,这幅画源自墨勒阿革洛斯石棺创造的母题(它描绘的可能是图63的局部)。阿斯贝蒂尼与拉斐尔几乎同时活跃在罗马,他创作了大量可见的古物画。羊皮纸上的墨笔画。伦敦,大英博物馆,编号1898.1123.3(7)。

图像的来世（2） 213

图 65：罗马多利亚潘菲利宫的墨勒阿革洛斯石棺的铅笔素描细节，坎皮利亚绘，约 1710—1730 年。（不要混淆这座石棺与多利亚潘菲利宫的另一座。）伊顿公学图书馆，编号 Bm 8.50。

图像的来世（2） 215

遵循了阿尔贝蒂关于人像数量的苛刻要求（8到9名），以及人物性别和年龄的理想构成；而从一系列绘图中——如果画得不够精细，我们可以称之为"预备素描"——可以看出拉斐尔如何进行视觉编排，才使其既可以作为祭台上的装饰，又可以作为某种纪念物，供近来失去亲人的家庭在小教堂里使用。毫无疑问，拉斐尔在为最终画面收集所需的"概念"时，从古代石棺描绘的墨勒阿革洛斯故事或者类似的画面中汲取了灵感。但这是拉斐尔艺术创造力的体现，没有任何特定的石棺能从他笔下的绘图中被鉴定出来（图67）。

拉斐尔从石棺浮雕上所提炼的是围绕一个静止物体的运动画面。前景两个人抬着基督的遗体，其中一个是肌肉发达的年轻人，他们用力支撑身体，仿佛在搬运沉重的托梁；一位年长者大概是亚利马太的约瑟，他在一旁助威，还给了观者一个忧虑的眼神——或许是为了提醒我们，这是一次秘密行动，必须迅速完成。尸体的右臂垂了下来，根据这一作品的主题，我们已经将其确定为"死者之臂"。布条小心翼翼地覆盖着（在当时的教堂里）不适宜展示的身体部位，但水平摆放的裸体与随从人员垂直的裙袖对比鲜明，[拉斐尔可能已经从保存在佩鲁贾的石棺上看到过这种构图（图68）]，足以令人吃惊。

拉斐尔同时代的前辈卢卡·西尼奥雷利一定也见过这样的石棺，因为他最著名的作品，即奥尔维耶托大教堂的圣布里齐奥礼拜堂壁龛的一幅背景绘画，就用灰色单色画技术令人满意地描摹

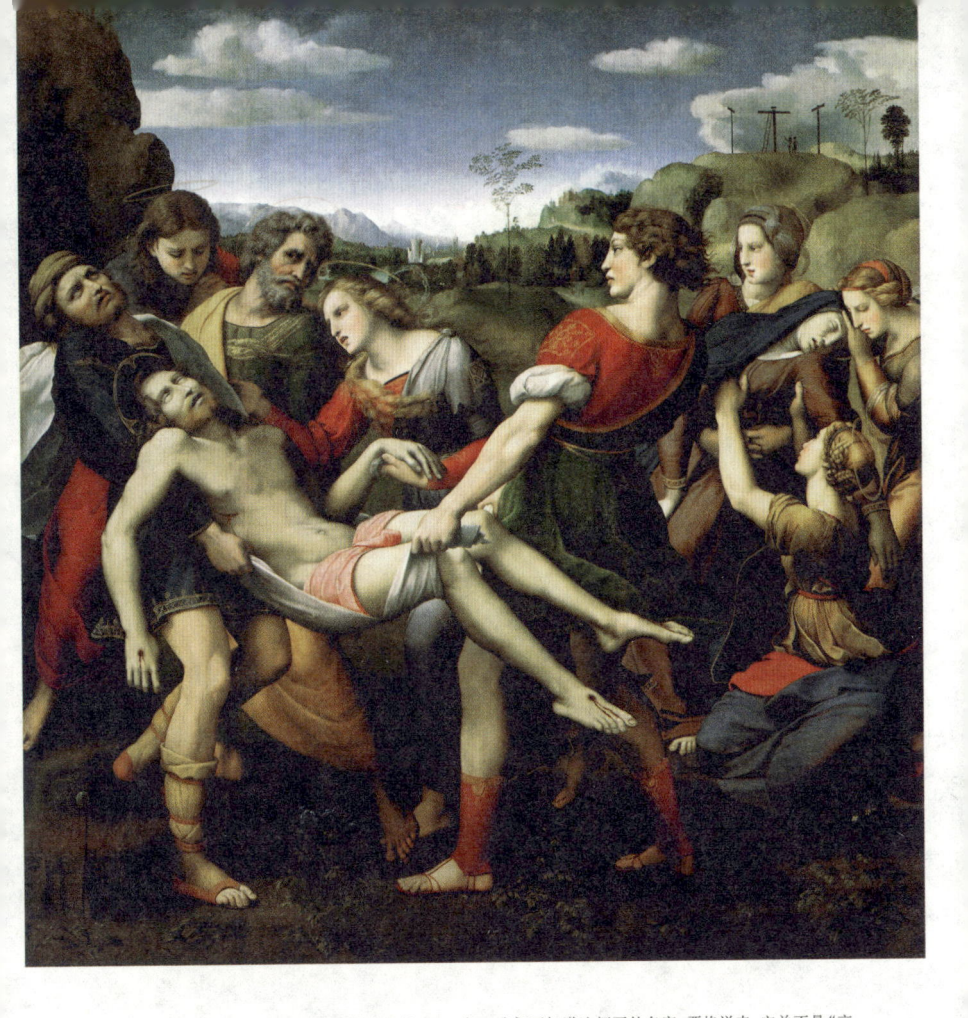

图66:《哀悼基督》:木版油画,拉斐尔绘,1507年。我们不知道这幅画的名字,严格说来,它并不是"哀悼基督"或"埋葬耶稣",而是介于两者之间的一个时刻。因为它最初是为佩鲁贾的圣弗朗切斯科·阿尔普拉托教堂里的巴格里奥尼家族小礼拜堂而创作。约为1.84米×1.76米。罗马,博尔盖塞美术馆。

图67:创作《哀悼基督》时的钢笔素描图,拉斐尔绘,约1507年。拉斐尔有16幅关于该画的钢笔素描保存了下来。在可以确定的时间顺序内,早期的构图更为"静态",基督的人像被放在地上,从左向右躺着,周围有哀悼中的各色人等。随着这一系列的发展,基督的遗体被抬了起来,方向也对调了,并运用了对角线的构图来表示激烈的情绪(耶稣的母亲玛利亚悲痛欲绝,身体呈斜线)。高21.3厘米。伦敦,大英博物馆,编号1963.1216.3。

图像的来世(2)

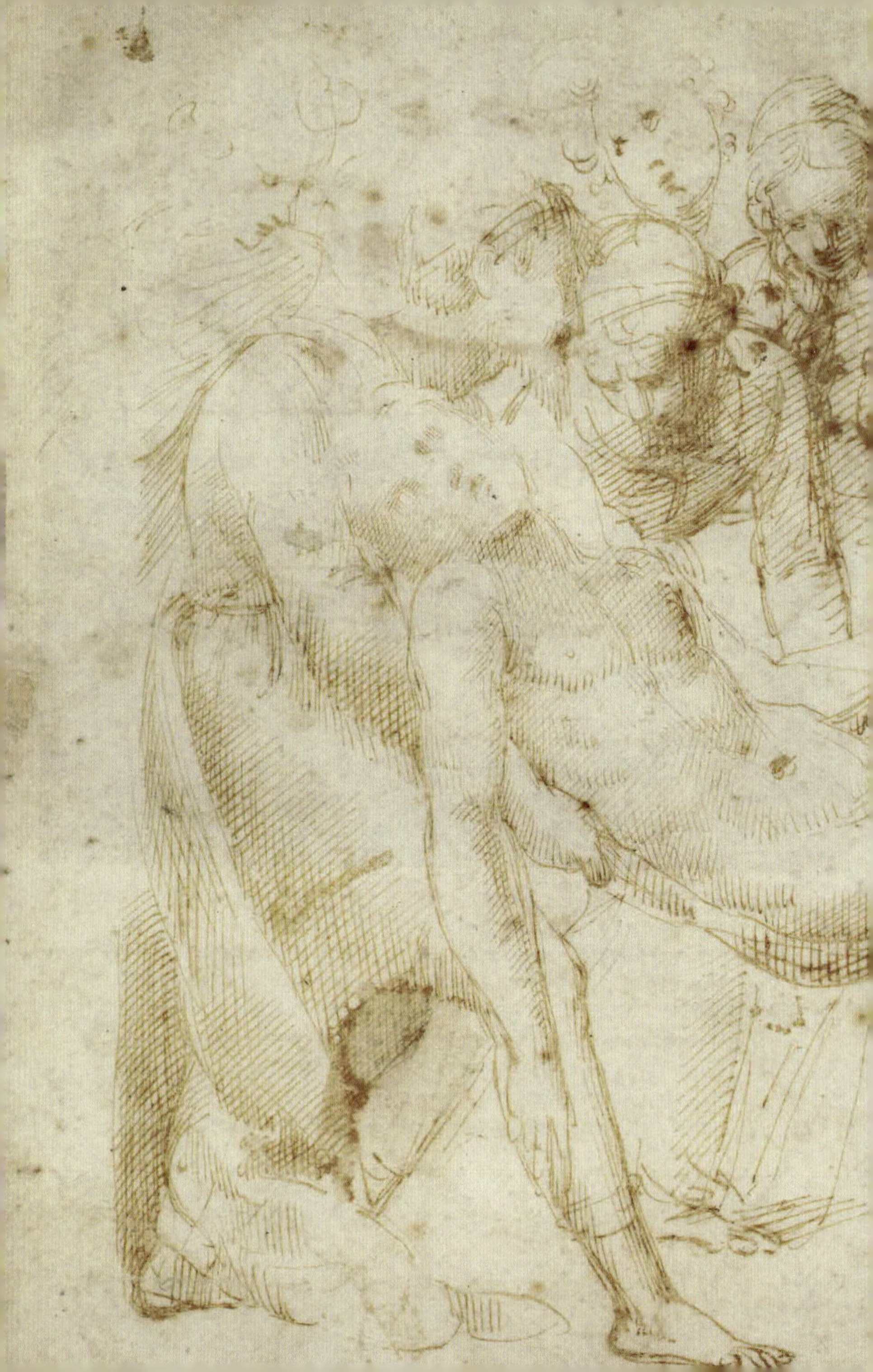

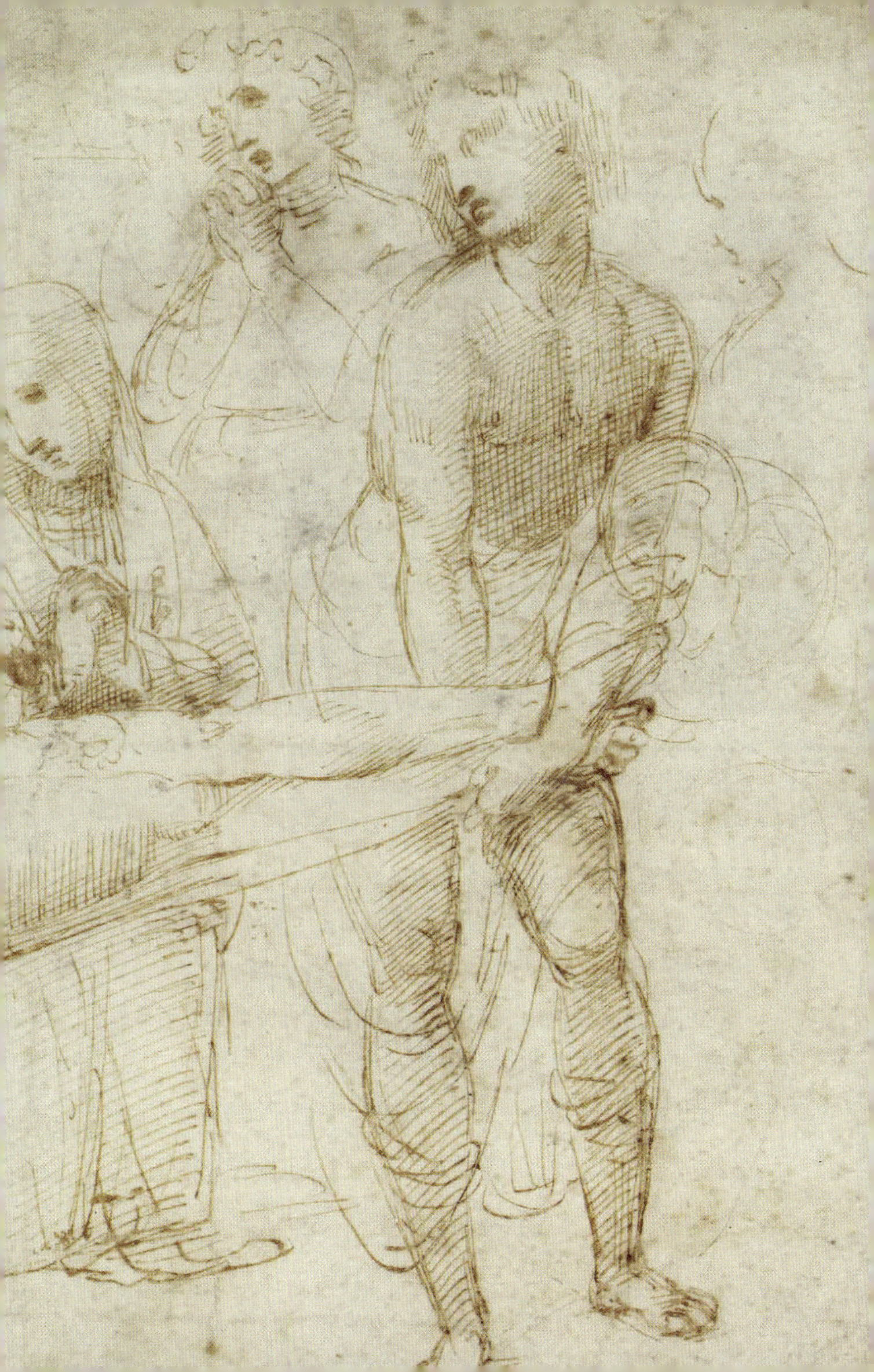

图68：公元2世纪晚期一座石棺的细部，曾经收藏于萨宾山上的法尔法修道院。石棺高92厘米。佩鲁贾，翁布里亚国家考古博物馆，1886年。

了类似的石棺（图69）。基督即将被放进坟墓：考虑到基督在十字架上受难的绝对年代，为什么它不应该是一座罗马风格的石棺呢？西尼奥雷利满足于在石棺上突出若干人物：他给死者留了胡子，但除此之外，他的"材料"被认为是一块墨勒阿革洛斯浮雕（只是如此分类而已，并未找到原始的遗物）。

西尼奥雷利在为奥尔维耶托绘制壁画的同时，还承担了为家乡科尔托纳一座教堂画一幅大型祭坛画的任务。这幅祭坛画被称

图69：卢卡·西尼奥雷利创作的一幅壁画的细部，位于奥尔维耶托大教堂内部的圣布里齐奥小礼拜堂里的圣福斯蒂诺和彼得罗·帕伦佐祭台，1499—1504年。这些同名殉教者的人像所拱卫的是圣母（背景）和抹大拉的玛利亚哀悼位于画面中心的基督的场景。

为《十字架脚下的哀悼》(*Lamentation at the Foot of the Cross*)：除了前景中头骨和锤子这两个基本物件，基督半裸的遗体也很突出，背景中身着精致长袍的人物或悲伤，或肃穆（图70）。由于现代社会对比图像的便利，西尼奥雷利显然为了节省力气，将一幅草图聪明地颠倒后，分别用在了科尔托纳和奥尔维耶托：不仅包括基督的遗体，还包括圣母和抹大拉的玛利亚的形象。这样做并不可耻，但一些评论家想把科尔托纳的壁画与瓦萨里（他仍然记得

图像的来世（2） 221

图70：《十字架脚下的哀悼》，西尼奥雷利绘，1501—1502年。木版油画，约为2.70米 × 2.40米。科尔托纳，宗教博物馆。

在孩提时代见到西尼奥雷利的情形）讲的一则逸事联系起来，这个故事讲述了西尼奥雷利在科尔托纳失去爱子的痛苦。瓦萨里对此说道：他忍着眼泪，痛苦地剥去孩子的衣服，随后创作了一幅"上天曾经给予但又被严酷的命运夺走"的全身像。

这幅为早夭之子（名叫安东尼奥）所作的肖像，为后来创作的基督遗体的肖像提供了范本吗？很久之前出现的这一猜测早已被书面证据驳倒，相应证据表明，卢卡·西尼奥雷利是在1502年2月交付的科尔托纳祭台画，而他的儿子安东尼奥则死于同年稍晚时候（可能死于瘟疫）。即使撇开这些证据不谈，这里还有另一个问题，也许只有那些了解体育健身文化的观众才清楚。这幅画中基督的遗体并不"自然"。就像米开朗基罗在西斯廷教堂天花板上画的亚当一样，这里表现的也是一位古典运动员或英雄的形象。安东尼奥·西尼奥雷利或许是一位不错的年轻人，但从历史上看，他不太可能拥有如此强健的肌肉和清晰的轮廓，尤其是如果他还遭受过流行病折磨的话。从这个意义上说，瓦萨里讲的故事令人难以置信。西尼奥雷利"哀悼"中的基督并未基于"现实生活"的模型，而是借鉴了欧弗洛尼奥斯创作出来的由萨尔珀冬所代表的英雄形象。

后来的许多艺术家，无论是直接听从了阿尔贝蒂的建议，还是仅仅追随了阿尔贝蒂创造的潮流，都着手用医学上对"死亡"的定义来呈现基督的遗体。这些艺术家包括提香（卢浮宫）、罗索·菲奥伦蒂诺（圣塞波尔克罗）、蓬托莫（佛罗伦萨），以及瓦萨里本人（阿雷佐）。而"巴洛克风格"的代表性艺术家，诸如卡拉瓦乔（梵蒂冈），也追随了这样的做法。但在这里，我们也许应该提醒自己"视觉DNA"在其中所起的作用。瓦尔堡的项目得到了一件礼物——尽管他并没有听说过它，因为它保存在罗马东南部阿尔巴诺丘陵一座小城的博物馆中——一块小而醒目的大理石浮雕，通常被归类为"oscillum"（图71）。这种圆形牌匾曾被悬挂于罗马别墅内的柱廊过道上（参见赫库兰尼姆的忒勒福斯浮雕屋）。但如果有人认不出它是一件希腊罗马雕塑作品，那也情有可原。

这块圆形浮雕在原初意义上展现了我们已经在各种媒介上遇到过的设计风格（见图54—56）。两名战士抬着一名伤亡者赤裸的身体，旁边有一位留着胡子的老人，可能是死者的父亲。其中一名战士也没有穿衣服，另一个则穿着短外衣，很明显，浮雕里的两人都曾戴着头盔。后来，文艺复兴末期的一位雕塑家重新加工了这块浮雕。改变并不大，但足以改变浮雕的效果和意义。再后来，艺术家通过在三个站立人像的头部周围凿刻，为每个人都增加了一个光环。就这样，异教徒的形象实现了基督教化：从古典时代的图像碎屑之中变出来的"哀悼基督"。

快进到法国大革命。1793年7月，革命中深受爱戴的主角让-保罗·马拉在他的浴室中被人杀害。这是一桩离奇的谋杀案。受害者当时为了缓解皮肤不适正在泡澡，并同时在处理一些文书工作；刺客是位手持厨刀的文雅女士。马拉有个朋友，就是画家雅克-路

图71：来自维莱特里的大理石浮雕（发现于格拉齐奥希宫的墙壁）。最早可能诞生于公元1世纪初；16世纪初得到修缮？直径51.5厘米。维莱特里，奇维科博物馆，编号405。

易·大卫，他负责为这一事件绘画。尽管大卫已经对马拉的尸体进行了防腐处理，并将其公之于众，但为其作画还面临一个明显的问题：令人离奇的死亡如何才能以一种令人信服且富于美感的方式呈现呢？

大卫工作迅速，在几个月内就完成了绘制，这幅画还被评为他的大师级作品之一（图72）。这位艺术家受到赞扬是因为他大胆创新，在绘画中引入了当代主题。然而，绘画风格明显的即时性遮蔽了——正如本章读者们将会猜到的那样——"隐藏的纵深"。大卫的任务是使马拉英雄化。要做到这一点，画家不必亲眼见证马拉浴室里发生的真相。他最好查阅一下他在罗马逗留期间的速写本。大卫在艺术学徒生涯中曾多次尝试过竞选"罗马奖"，这为其提供了一个在美第奇别墅常驻学习的机会。最终，他成功获奖，并花了5年时间沉浸在古代图像中。美第奇别墅中曾有（现在也有）一块墨勒阿革洛斯石棺的碎片，但除此以外，大卫无疑也研究过其他石棺（图73）。这些经验为其提供了他为马拉作画时所需的一切。了无生气的右臂足以表明马拉是一位古典式的英雄：拥有出众的美德，其亡故还将受到广泛地哀悼。

提到"中心主旨"时，音乐家们会将其视为反复出现的一个短句，或者一支乐曲的"主旋律"。瓦尔堡喜欢用视觉术语来描述"标准化石"——"重要遗迹"，在大卫为马拉所作的画中，它就是"死者之臂"。对我们（以及瓦尔堡）来说，无论大卫是否意识到他的"当代"场景中的古典元素，这一切都是一样的。萨尔珀

图72：《马拉之死》（细部），雅克-路易·大卫绘，1793年，帆布油画，约为1.65米 × 1.28米，布鲁塞尔，皇家美术博物馆。

N'AYANT PU ME CORROMPRE
ILS M'ONT ASSASSINÉ

图73：《墨勒阿革洛斯之死》，雅克-路易·大卫绘，约1775—1780年。钢笔和炭笔蘸水画。约为13.9厘米 × 21.3厘米。巴黎，卢浮宫，编号26084 Bis。

冬化石发挥出了它那遥远的程式化的力量。

让人注意到这种正式的关联，仅仅是出于"学术性考虑"吗？对一些观众来说，一个更为基本的问题正在酝酿之中。一位新古典主义画派的法国画家利用古代经典作品，赋予了一起肮脏和暴力事件以某种复古的高贵气质。但这是否改变了我们把一幅描绘人类同胞在浴缸中被谋杀的绘画视作"大师级作品"这一事实呢？如果我们喜欢这幅画，那我们就一定是虐待狂吗？

在大卫创作这幅画之前不久，审美愉悦的问题已经在知识分子沙龙中备受瞩目,这在很大程度上要归功于德国评论家和剧作家戈特霍尔德·莱辛在1766年发表的一篇文章。这篇文章名为《拉奥孔》,但它并未真的关注同名的希腊罗马雕塑。相反,莱辛批评了近代推崇那尊雕塑的思想和美学基础。他批评的对象是温克尔曼,对后者来说,梵蒂冈的拉奥孔群像是古典式优雅和节制的辉煌范例。莱辛的文章乖戾而又迂腐,这是他以诗人的身份对诗歌作为一种表达媒介优越性的宣扬。但他有一个引发论战的观点现在似乎仍然犀利。拉奥孔群像表现了一个男人和他的儿子们被两条巨蟒缠住并咬死的场景。这应该是一幅可怕又令人反感的画面。那么,如果它真的传达了它声称要表达的东西,为什么它还会成为一件如此令人振奋的艺术品呢?

我们之前说过亚里士多德的基本观察,即人类通常会从观看可怕事物的再现中获得快乐,比如一只巨兽或一次痛苦的死亡,因为它是一次成功的再现。这里的快乐在于"模仿"的行为,由于这一行为完成得过于技艺娴熟,所以令人信服。不过,亚里士多德的分析并不像看起来那样有用。萨尔珀冬陶瓶上"精确地"传达了什么?是激烈战斗带来的致残伤害,还是当被水平抬起时仍然惊人地紧绷着的一个非凡战士的遗体?

我们知道照片不一定都是"精确地"再现。然而,研究从"令人痛苦的"图像中获取审美愉悦这一问题的方法之一,是考察新闻摄影如何在其领域赢得"经典"地位。拉里·伯罗斯在越南战争期间拍摄的许多照片都具有这种地位,其中一张照片似乎与萨尔珀冬陶瓶上的图像有一定可比性（图74）。

这种图片的主要受众是一份名为《生活》的大众周刊的读者：他们看到的是一些濒临死亡的人。有人会说，关键就在这里：我们看到了危险、创伤、死亡，但却视而不见，我们还会感到快乐或感激，因为这些事情没有发生在我们身上。这不是施虐心理，但可能是幸灾乐祸。这种"伤害—快乐"可以解释为什么我们在看到有人从梯子上摔下来的电影片段时会捧腹大笑。"生活是可怕的"：塞尚的习语变成了我们都知道，但通常都不愿意承认的事实。

还有另一种解释，这种解释源于亚里士多德和莱辛都不了解的研究——神经科学领域正在取得的进展，特别是我们对人脑如何控制情感和审美反应的理解。亚里士多德认识到，悲剧的戏剧性场面在观众内心引发了积极的反馈，对观众来说，这种体验理想地引发了某种情绪上的"净化"或宣泄。但是，我们为什么会参与戏剧或艺术表现的虚拟现实，又是如何参与其中呢？很多神经生理学家目前都在研究这个问题，虽然现在说他们已经得出权威的结论还为时过早，但一个合理的理论已经出现。这涉及共情（感受另一个人的感受），是一种自然和非自愿的行为，也是一种认知机制。所以，当我们看到别人受苦，或者是别人受苦的图像时，就会激活我们大脑中的"镜像神经元"来模拟反应，就好像是我们自己正在遭受痛苦一样。

这一机制存在的证据，出现在一个特殊的手术后问题的治疗中。一位病人失去了一条肢体后,获得了一条替代的假肢。由神经末梢和肌肉反射组成的复杂神经生理系统是如何被重新激活,从而使新肢体发挥功能的呢?康复过程的一部分包括观看动作或手势的表演。患者观察其他人的动作时,大脑中的镜像神经元会发送信息,指导他们的身体也做出同样的动作。

这种"具体化模拟"现象明确暗示了我们在面对艺术作品时做出反应的过程。人们很少会在照片前流泪。然而,正如艺术史家大卫·弗里德伯格和神经学家维托里奥·加莱塞共同宣称的那样,"身体上的同理心很容易转化为对身体受损或残缺状况所造成的情感后果的同理心"。因此,看到一名奄奄一息或身受重伤的士兵被其战友抬着的照片,人们不仅会"同情"受伤者,也会从那些急于求援者的表情中体会到恐慌、决心和焦虑。此外,我们还会好奇那些我们看不到的人,谁是伤者的亲人,以及想象当裹尸袋出现在他的家里时会引发怎样的反应。

因此,艺术家几乎可以确定或者预见观众在看到"基督被解下十字架"这一场景时的反应。基督的遗体被收敛起来;他的母亲昏倒在地;其他旁观者无法控制自己的哭泣。而在石棺上有死者或垂死的墨勒阿革洛斯被带回家的画面上,有着所有痛苦情绪的外在痕迹:低垂着头,大声号哭,手臂高举,头发和衣服散乱

图74:"484高地附近,4名美国海军陆战队队员冒着炮火,抬回了第5名战友的遗体。越南,1966年10月。"拉里·伯罗斯为《生活》杂志所摄。背景是另一名摄影者凯瑟琳·勒罗伊(伯罗斯在1971年一场直升机坠机事故中丧生)。

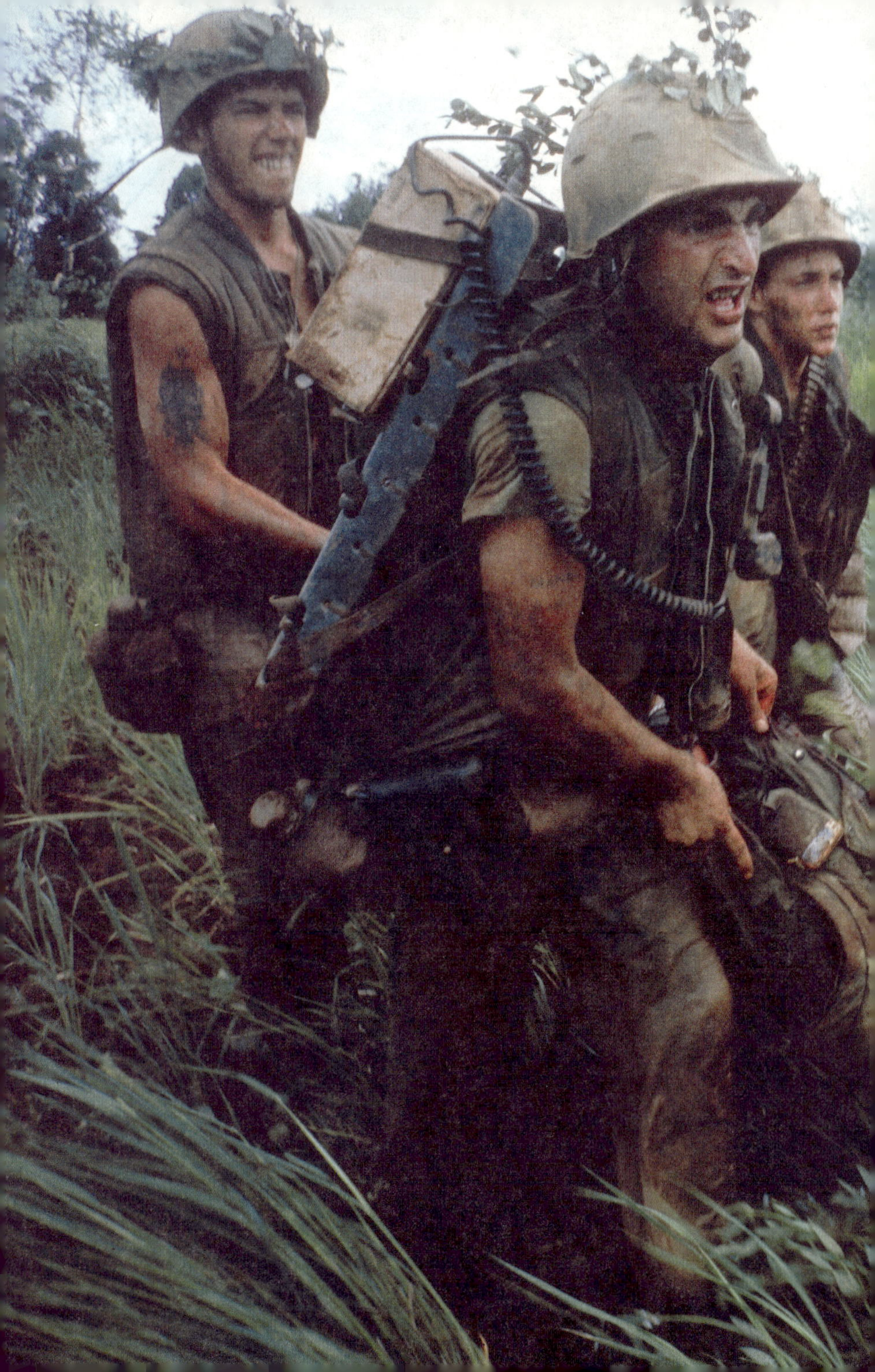

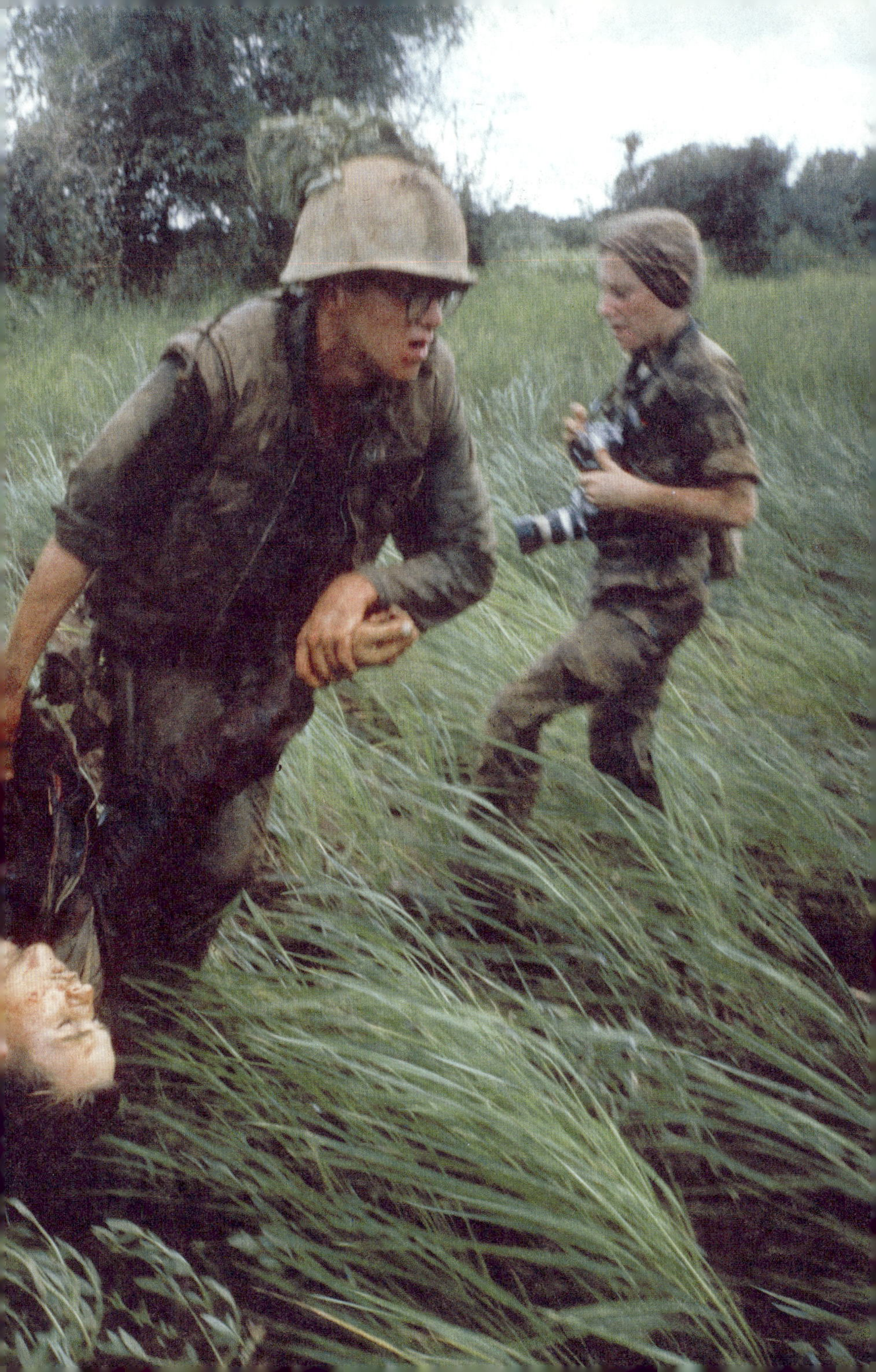

着。当然,其中也有文化和环境因素。但似乎是最初级的生物学问题支撑了瓦尔堡"激情程式"的概念——"一种来自古代最好的姿态语言"。

正如他们所说,我们与萨尔珀冬一起走过了漫漫长路。但直到最后,我们才发现,他就是我们中的一员。

8

* * * * * *

尾声

一位英雄漫长的死亡

最后一个问题。这个问题可以简单来说，而且可以说与前文所述无关。这位英雄，也就是萨尔珀冬，他真的存在吗？

没有人能说出他生活的确切年代。无论在古代还是在现代均是如此。对希腊人来说，年复一年的年表始于古代首届奥林匹克运动会的举办，即人们认为的公元前776年。而在此以前发生的事情，只能含糊地进行排序。历史、宇宙学和神话故事交织在一起，但这些由"真实事件"衍生而来的神话，历史可信度却很少受到质疑。如前所述，古代世界普遍相信存在"英雄时代"。关于特洛伊的史诗究竟是英雄崇拜的起因还是结果，仍然存在争议：无论如何，关于英雄的诗歌都不属于"幻想"。特洛伊确实发生过一场大冲突。且不说它发生的精确年代，那些自称是其主角后裔的人无不都在四处宣扬他们的家族荣誉。

荷马没有解释为什么一个名叫萨尔珀冬的吕基亚国王加入了特洛伊一方作战。桑索斯距特洛伊以南大约有700千米之远。可以尝试做一些合理的解释，诸如可能在青铜时代晚期存在一个吕基亚—特洛伊联盟。但这并不是必要的。荷马曾说过，希腊军队是从伯罗奔尼撒半岛以外的地方抽调来的。所以，普里阿摩斯与阿伽门农一样，可以期待远方的盟友前来助战。对荷马来说，这个亲特洛伊的萨尔珀冬是宙斯与拉奥达墨娅的儿子，后者是柏勒洛丰（他正是在吕基亚完成了杀死喷火怪兽喀迈拉的壮举）的女儿。然而，显然还有另一个传说，提到宙斯与欧罗巴结合后生了三个儿子：米诺斯、拉达曼托斯和萨尔珀冬。克里特岛无法容纳这三位宙斯之子，于是萨尔珀冬去了东方；以判决公正闻名的拉达曼托斯并没有死，而是去了冥界施展他的智慧；米诺斯则统治了克里特岛。由于人们认为米诺斯统治的是特洛伊战争之前的几代人，后荷马时代的评论家就想出了各种方法来协调其与"萨尔珀冬"这个名字有关的年代脱节。合理的解释是，欧罗巴生下的萨尔珀冬是拉奥达墨娅生下的萨尔珀冬的祖父。(狄奥多罗斯：《历史丛书》，5.79.3)

人们相信是老萨尔珀冬在卡里亚创建了米利都。(斯特拉波，14.1.6)然而最重要的是，他与吕基亚的历史定义密不可分。(希罗多德：《历史》，1.73)语言学家推测，古代吕基亚语里的一个人名（与诸如赫梯语之类的其他安纳托利亚语言相关，但最后使用希腊字母来拼写了）可能就是"Sarpedon"的土著形式：Zrppudeine。不过，有一件事是确定的（也许荷马和他的听众都已经知道）：在吕基亚的国都桑索斯，萨尔珀冬被当作英雄崇拜着。

从度假胜地卡斯和卡尔坎出发，向内陆方向走，就能看到迷人的桑索斯（图75）。俯瞰埃森河及其肥沃的河谷，会令人想到荷马笔下萨尔珀冬对其王国的夸赞（见P109）。很难想象历史上这里曾发生怎样的灾难。第一次是公元前540年，桑索斯被波斯人围攻。抵抗以到卫城寻求庇护的民众被集体屠杀告终。后来，大约在公元前470年希腊人抵抗波斯人的战役中，当地遭到焚毁。这些苦难的集体记忆尚未消退，到了约公元前42年，该城又受到了布鲁图斯率领的罗马军队的攻打，后者当时为了抵抗屋大维和马可·安东尼，正在当地筹集资金和招募军队。之后发生的便是当地居民的

图75：桑索斯风景，土耳其西部。在（后来的）城市遗址中，英雄祖先们的坟茔仍然非常醒目。在阿拉伯人接二连三的袭击之后，这座城市于10世纪遭到废弃。对这一遗迹的系统性发掘始于20世纪50年代。

集体自杀。在叙述这些事件时，历史学家阿庇安为我们提供了一个重要的细节：一小队罗马士兵被困在了桑索斯的集市，寡不敌众，于是来到当地人崇拜萨尔珀冬的区域寻求庇护。（BC. 4.78–9）

总体来看，吕基亚有着显而易见的丧葬纪念景观。而桑索斯最引人注目的特色，就是城市中壮观的墓葬群（最壮观的当属大英博物馆重建的"涅瑞伊得纪念碑"）。这些东西被认为是当地王室的纪念物，人们会在这些纪念物前向他们伟大的英雄祖先祈祷和献祭。"哈耳庇厄墓"的浮雕似乎也描绘了这种崇拜的场景（图76）。

尾声　239

图76：桑索斯"哈耳庇厄墓"（北侧）大理石浮雕的细部，约公元前480—前470年。该墓名字来自专门运送遗体（去来世？）的人鸟混合形象（更像塞壬）。这块浮雕还描绘了向一位端坐的祖先献上头盔战利品的场景（这些浮雕的复制品明显就在图75里右手边坟墓的原址）。高约1.02米。伦敦，大英博物馆，编号1848.1020.1。

尾声 241

这就是献给萨尔珀冬的英雄圣堂——暗示他的遗骸保存于此。

一些古代材料证实了吕基亚存在萨尔珀冬崇拜，但这种崇拜到底发生在哪里呢？阿庇安的叙述暗示，桑索斯的萨尔珀冬崇拜场所距离集市/广场不远，即位于该城所谓的"吕基亚卫城"的山坡下。这个区域有墓葬，不过罗马士兵大概撤退到了山顶卫城一处没有被彻底包围的地方，也就是悬崖边上。主持该地区发掘的考古学家亨利·梅茨格在当地找到一处长方形的建筑，并表示它在大约公元前460年时是一所英雄圣堂。根据一些相关的建筑和雕塑碎片（部分在大英博物馆）判断，该建筑由一座建于高台上的坟墓组成（图77）。梅茨格只是简单地将其称为"大型建筑G"。后来的学者就没有那么谨慎了，他们干脆声称这就是萨尔珀冬圣堂的遗址。

附近有拜占庭时代房屋的地基，还有一座庙宇的遗迹（可能是阿尔忒弥斯神庙）。游客可能会注意到这些，不过坦率地说，"大型建筑G"没什么可看的，而且也没有任何证据能证明它与萨尔珀冬的联系。十之八九，这座公元前5世纪的建筑取代了一座更久远的古迹。关于萨尔珀冬，我们目前只能接受基本的古代说法：他死在特洛伊，但被带回了桑索斯安葬。[（伪）亚里士多德: Fr. 481.58 R3）]

在某种程度上，桑索斯的萨尔珀冬崇拜可能一直延续到公元4世纪。随着君士坦丁313年颁布《米兰敕令》(Edict of Milan)，基督教在罗马帝国合法化，这种崇拜最终彻底消亡。桑索斯建起了一个主教辖区。教堂也建了起来，而其中一座就位于距离"大型

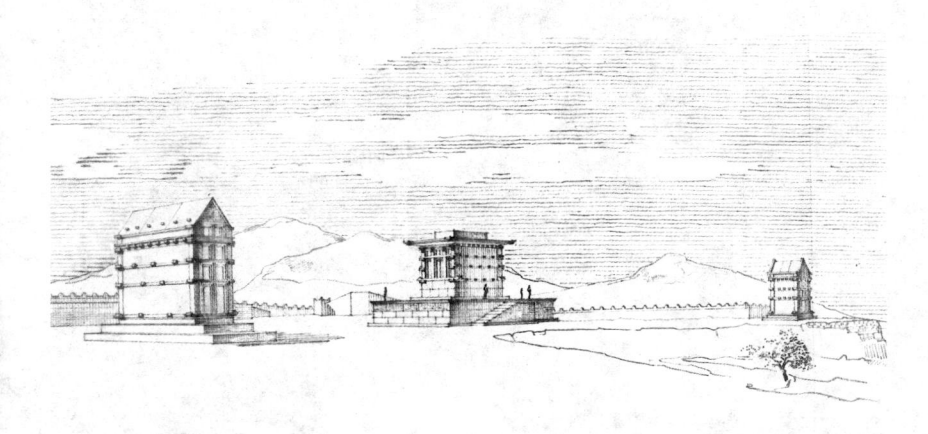

图77：桑索斯吕基亚卫城顶部平台的复原图，也就是它在公元前5世纪中叶时的样貌。"大型建筑G"（中心）的基座尺寸约为15.50米 × 10.25米。

建筑G"不远的"吕基亚卫城"的遗址上。一座吕基亚王室的墓地，就此变成了一名修士的家。

对吕基亚在特洛伊的英雄萨尔珀冬的崇拜，将会被简化为"异教"仪式。但正如我们所见，他的形象最终成为基督教图像里一种至高无上的自我牺牲的象征。史诗中，英雄萨尔珀冬宣称他活着就是为了追求"不朽的荣耀"。他在战场上尽其所能做到了这一点。荷马和剧作家们使他的事迹流传后世。其余的都是欧弗洛尼奥斯的功劳——当他在萨尔珀冬陶瓶上作画时，他创造了一幅荣耀的伤者图像，该图像将会远远超出它原来的目的、时间和空间限制。

图78：萨尔珀冬陶瓶细部。切尔韦泰里，考古博物馆。

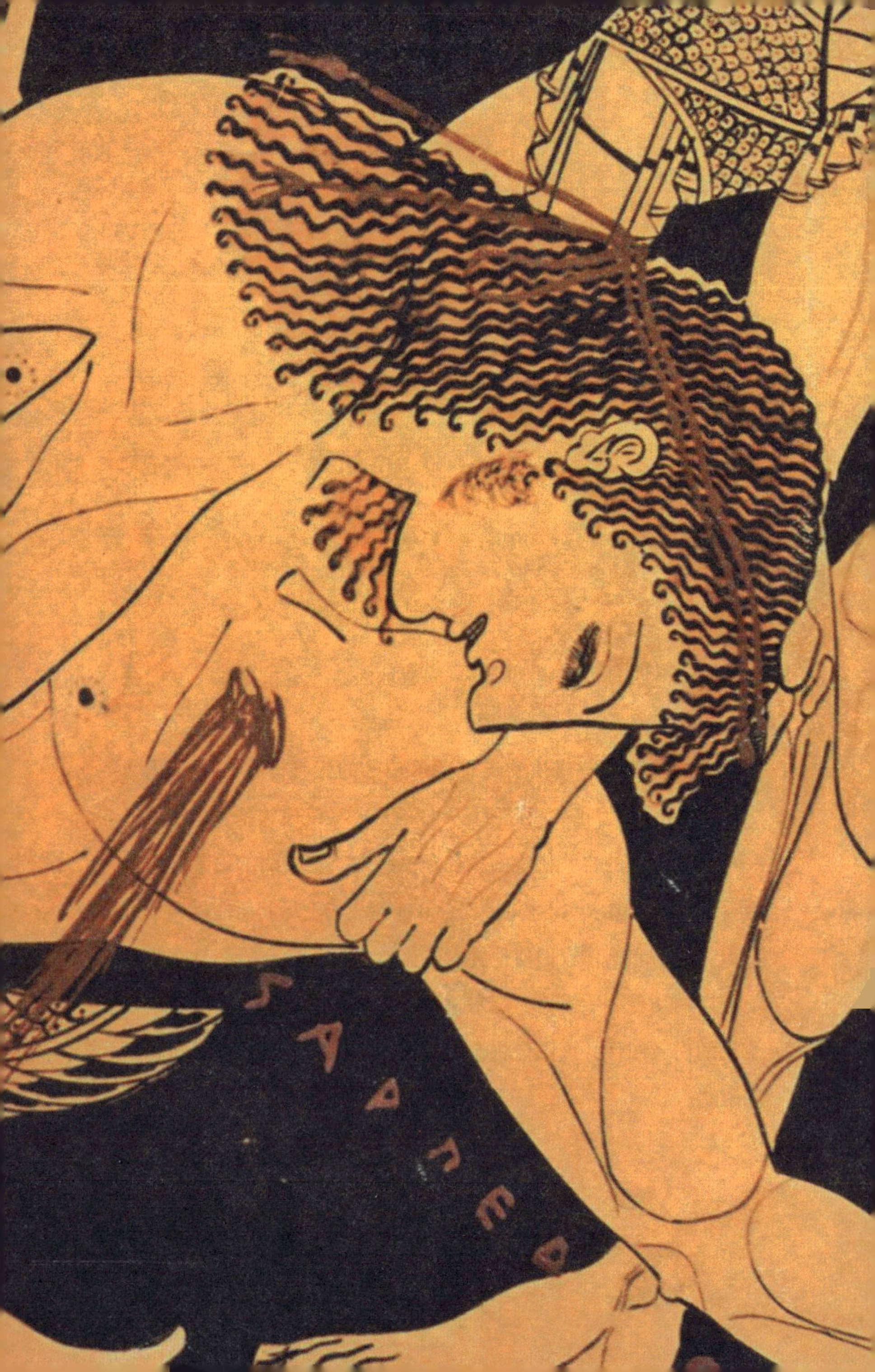
ΣΑΡΠΕΔ

致谢

荷马《伊利亚特》的引文来自E.V.里乌,个别地方有改动。

我要感谢以下各位以各种方式给予我的帮助和指导:文森佐·贝莱利、朱利亚·贝尔托尼、詹姆斯·克拉克森、贾斯珀·冈特、理查德·亨特、杰拉尔丁·诺曼、迈克尔·帕吉特、迈克尔·斯夸尔、彼得·斯图尔特、克里斯托斯·齐罗吉安尼斯和狄弗里·威廉姆斯。如果有什么错讹之处,责任在我。

除了他们的普遍支持外,剑桥大学古典学系和伊曼纽尔学院还协助支付了图片费用。

我感谢理查德·米尔班克鼓励我写这本书,也感谢乔治娜·布莱克威尔在本书出版过程中花费的心血。

注释

本书的文献缩写遵从《牛津古典词典》（第三版）的惯例。1990年在卢浮宫展出的欧弗洛尼奥斯作品的目录（在阿雷佐和柏林的展览目录稍有变化）是主要的参考对象，这里在引用时简化为Euphronios(i.e. Denoyelle & Pasquier 1990)。FR=A. Furtwängler & K. Reichhold, Griechische Vasenmalerei (Munich 1904 - 32).

序言

萨尔珀冬陶瓶——基督教绘画艺术中的异教先驱——在纽约露面不久，人们就认识到了它在图像学上的意义：见P. Devambez, 'Le nouveau cratère d'Euphronios au Metropolitan Museum' in CR Acad. Inscrip. 117/3 (1973), 370–2 ('nous évoquerions volontiers la Pietà d'Avignon')。请注意迪特里希·冯·博思默在将陶瓶提交给大都会艺术博物馆收购委员会时的评论（Hoving et al. 1975, 50）："在一个漫长的图像传统之中——包括由母亲埃奥斯抬着的门农以及从战场上被搬运回家的墨勒阿革洛斯的遗体，死去的萨尔珀冬是第一个。在这一传统的末尾，我们终于在文艺复兴时期看到了关于基督受难和圣母怜子的那些令人心情沉痛的图像。"

1 "价值百万美元的陶瓶"

这只陶瓶的基本经历在它抵达纽约之后的数年内就被梳理清楚了：参见K. E. Meyer, *The Plundered Past* (London 1974), 86–100, 302–8。随后的记者调查作品包括P. Watson and C. Todeschini, *The Medici Conspiracy* (New York 2006)，该书内容详实，但在地点的细节上多有混淆。*Bob Hecht by Bob Hecht*, edited by Geraldine Norman (Vermont 2014) 收集了来自罗伯特·赫克特的各种证词，包括他如何得到这只陶瓶的自相矛盾的讲述。V. Silver, *The Lost Chalice: The Real-Life Chase for One of the*

World's Rarest Masterpieces – a Priceless 2,500-Year-Old Artifact Depicting the Fall of Troy [sic] (New York 2009) 则尝试追踪了基利克斯陶杯的踪迹,同时给人们了解这只陶瓶也带来了启示。

塔贝尔的残片:部分来自雅典卫城,现在雅典国家博物馆与基利克斯陶杯重新组装在一起;另一部分则来自切尔韦泰里(以前属于卡斯特拉尼的藏品),与朱利亚别墅博物馆的一只广口陶罐(pelike)拼装了起来(正如比兹利所见)——但现在属于芝加哥大学的斯玛特博物馆(编号1967.115.287)。彭透斯场景:与沃斯堡的金贝尔艺术博物馆的杜里斯基利克斯陶杯(编号 AP 2000.02)比较,它很有可能是贾科莫·美第奇提供给埃利·博罗夫斯基的一块碎片。

慕尼黑双耳罐:"*Münchner Jahrbuch* 22 (1971), 229ff"故意回避了其来源问题。伊特鲁里亚人对这只陶罐的使用:Vermeule 1965, 34。关于来自圣安东尼奥的基利克斯陶杯:Williams 1991, Rizzo 2009。关于铭文:M. Martelli, 'Dedica ceretana a Hercle', in *Archeologia Classica* 43 (1991), 613–21。

2 欧弗洛尼奥斯与"先锋派"

吕西安·波拿巴盲目主张对伊特鲁里亚文化拥有所有权,这或多或少地基于一些模糊的语言学技巧:例如,他根据铭文 Euthymides ho Polio[u]('Euthymides [son] of Po[l]lias')推测 hopolio [sic] 是伊特鲁里亚语"制作"的意思(thus *Museum Etrusque de Lucien Bonaparte Prince de Canino. Fouilles de 1828 à 1829*, Viterbo 1829, 122)。

签名为 egraphsen(通常是这样签,而非 egrapsen)的欧弗洛尼奥斯与签名为 epoiêsen 的人并非同一个人的可能性,见 Beazley (ARV I, 13);还可以参考 Robertson 1992, 43,比兹利的进一步思考,见他的文章:'Potter and Painter in Ancient Athens' (1944), in D. C. Kurtz ed., *Greek Vases: Lectures* by J. D. Beazley (Oxford 1989), 39–59。福特文格勒谈"欧弗洛尼奥斯幻想":FR II, 11;谈画师"在细节上的力量":FR I,

103。从克莱因到比兹利的过渡，记录在了 P. Rouet, *Approaches to the Study of Greek Vases: Beazley and Pottier* (Oxford 2001) 之中。比兹利事实上从未承认过莫雷利的影响：关于他的"莫雷利"原则，可参见 *Attic Red-Figured Vases in American Museums* (Oxford 1918), vi。

J. C. Hoppin 在 1917 年的专著《欧西米德斯及其同伴》(哈佛大学)中简单提及了欧弗洛尼奥斯的特点。但 Hoppin(pp.68-72) 很好地揭示了这两位画师在风格细节上的相似性，他坚持认为展示了运动员不同姿势（Fig. 1）的柏林双耳罐的作者应该是欧西米德斯。[比兹利对 Hoppin 著作的评论也很有启发性，见 JHS 37 (1917), 233-7。]另外，可参见 Wegner 1979。对莫雷利原则的严厉挑战，见 E. Svatik, 'A Euphronios kylix', in *The Art Bulletin* 21.3 (1939), 251-71。博思默在 1989 年则更为温和地分析了先锋派画师的风格特征。关于作者归属问题的典型困境，见 M. Tiverios, 'Sosias kai Euphronios', in *Arch. Eph.* 1977, 1-11。关于欧弗洛尼奥斯—斯米克罗斯问题，可参考海德林在 2016 年（有进一步的参考文献）和威廉姆斯（即将出版）的作品。雅典集市上出土的一块刻有铭文的石柱残片——记载有雅典在公元前 465 年的萨索斯战役和色雷斯的切索尼斯战役中的伤亡名单（IG I2 928），使这一问题复杂化了。其中的若干名字使人想起公元前 500 年左右的陶瓷工艺："欧弗洛尼奥斯""Smikythos""索西亚斯""斯米克罗斯"。而据记载，领导这次战役的将领之一就是莱阿格罗斯（尽管他不在伤亡名单上，但人们认为他已经阵亡）。如果这些同名并非巧合，这条证据带来的问题就要多于它所回答的问题。按照传统的年代学框架，欧弗洛尼奥斯当时已经是个六七十岁的老人。难道已经这个年纪的他还要被征召参加如此凶险的一场远征行动——既要镇压塔索斯的暴动，又要在艾尼亚·霍多伊（后来的安菲波利斯）建立一个殖民地？

关于画师有老花眼的推测，见 Maxmin 1974；威廉姆斯在 2005 年则为雅典卫城的献礼提供了一种替代性的场景。

关于欧弗洛尼奥斯对绘画媒介的尝试，见 J. Mertens, 'A White-Ground Cup by Euphronios', in *Harv. Stud.* 76 (1972), 271–81；B. Cohen ed., *The Colors of Clay: Special Techniques in Athenian Vases* (Los Angeles 2006), 48–51 (Agora Museum inv. P 32344) and 123–4。对"先锋派"作品的"自然主义"本质较为可靠的分析，见 Neer 2002 (esp. Ch.2)。关于贡布里希和最早从正面表现足部，见恩斯特·H.贡布里希：《艺术的故事》(1972年第12版，伦敦)，51—52。

关于欧弗洛尼奥斯在解剖学细节上的"奇怪裸露癖"，见 Maxmin 1973 (whence the quote) and Villard 1953。关于欧弗洛尼奥斯在更广阔的环境中作画的问题，见 D. Williams, 'The drawing of the human fgure on early red-fgure vases', in D. Buitron-Oliver ed., *New Perspectives in Early Greek Art* (Washington 1991), 285–301。

3 雅典和会饮

关于会饮中的陶瓶，见 Lissarrague 1990 [也见 Lissarrague, *The Aesthetics of the Greek Banquet* (Princeton 1990)], 19–460；也可参见 M. Langer, 'Where should we place the krater? An optimistic reconstruction', in A. Avramidou & D. Demetriou eds, *Approaching the Ancient Artifact* (Berlin 2014), 385–98。这只陶瓶可能在更广泛的意义上代表着"混合风格"，见 R. Schlesier, 'Kratêr. The mixing-vessel as metaphorical space in ancient Greek tradition' in F. Horn & C. Breytenbach eds, *Spatial Metaphors: Ancient Texts and Transformations* (Berlin 2016), 69–84。

关于彩陶是金属器皿的"附属品"，M. Vickers 和 D. Gill 在 *Artful Crafs: Ancient Greek Silverware and Pottery*(Oxford 1994) 一书中提出了颇具争议的观点。相反的论据以及对彩陶在古代社会的价值的猜测，见 Williams 在 1996年和 Boardman 在 2001 年 的 作品；也见 R. M. Cook, *Greek Painted Pottery* (3rd ed. London 1997), 259–62。由于他们在绘画上的精湛技艺，陶瓶画师们可能参与了陶瓶制作的每一个环节。Boardman 因此说道，"我敢肯定，即使是某位欧

注释 249

弗洛尼奥斯，有时也可能参与了搬运木头和清扫陶土的工作（2001，142）"。

关于"家庭"会饮的讨论，见 L. C. Nevett, *Domestic Space in Classical Antiquity* (Cambridge 2010)。值得在这里补充的是，带有"政府资产"标记的彩陶显然是雅典公职人员在举行公餐仪式时使用的器皿：A. Steiner, 'Private and public: links between the symposium and syssition in fifh-century Athens', *Cl. Ant.* 21 (2002), 347–90, and K. M. Lynch, *The Symposium in Context: Pottery from a Late Archaic House near the Athenian Agora* (Princeton 2011)。关于来自集市的欧弗洛尼奥斯陶杯，见 *AJA* 103 (1999), 298。

关于色诺芬尼对高雅会饮的描述，这里有若干评论和讨论：我主要提到了 C. M. Bowra, 'Xenophanes, Fragment 1', in *Cl. Phil.* 33 (1938), 353–67（顺带说一句，Maurice Bowra 是博思默在牛津大学获得的罗德奖学金的赞助者）；进一步了解，可参见 F. Hobden, *The Symposion in Ancient Greek Society and Tought* (Cambridge 2013), 25ff。一个关于会饮诗歌的通俗易懂的研究，见 D. A. Campbell, *The Golden Lyre* (London 1983): see esp. Ch. 2。

关于古风时代晚期阿提卡红绘彩陶上的会饮场景的详细讨论，见 Catoni 2013；也见 K. Topper, *The Imagery of the Athenian Symposium* (Cambridge 2012)。I. Scheibler 则在 Wehgartner 1992, 104-12 中讨论了欧弗洛尼奥斯所描绘的酒神节狂欢场景。关于科塔博斯游戏，见 E. Csapo and M. C. Miller, 'The "kottabos-toast" and an inscribed red-fgured cup', in *Hesperia* 60 (1991), 367–82。关于在圣彼得堡的凉钵上观看斯巴达高级妓女的提议，见 G. Ferrari, *Figures of Speech: Men and Maidens in Ancient Greece* (Chicago 2002), 19–20；也可参见 P. Kretschmer, *Die griechischen Vaseninschrifen* (Gütersloh 1894), 87，该书同时指出其他一些科塔博斯游戏中使用的道具也刻有同样的多利安铭文，这还被比拟为击剑运动中使用法语术语的做法。

"谁会怀疑一位贵族、一位令人垂涎三尺却难以接近的美人,会与一个来自凯拉米克斯的画师有什么亲密的关系呢……?"(Frel 1983, 147)究竟是谁呢?关于莱阿格罗斯现象,参见 Shapiro 2000 and id. 2004。"美丽的莱阿格罗斯"这一短语也被发现于埃雷特里亚集市遗址一座矿井出土的黑绘陶器碎片上,这个陶器(看起来像是一只凉钵)被认为可能产生于公元前490年左右波斯焚毁埃雷特里亚不久之后。

4 史诗的教育意义

萨尔珀冬遗体上伤口组织的发现要归功于一位医生:H. Johnson, 'The wounds of Sarpedon', in *The Lancet* 357 (2001), 1370。

这里关于《帕特洛克罗斯之歌》的讨论,要得益于 A. Barchiesi, *Homeric Effects in Vergil's Narrative* (Princeton 2015), 1–34。需要注意的是,Bacchylides fr. 20E (Campbell) 也歌颂了宙斯对萨尔珀冬的关心。

关于英雄遗体的观察:C. Segal, *The Theme of the Mutilation of the Corpse in the Iliad* (Mnemosyne Suppl. 17, 1971); and Ch. 7 of H. Lovatt, *The Epic Gaze* (Cambridge 2013)。关于战场上的伤亡,注意 Herodotus 9.25.1 对史诗的共鸣。关于英雄们的庞大身躯和古代对巨型动物的使用,参见 A. Mayor, The First Fossil Hunters (Princeton 2000), 104-56。关于荷马史诗中的"英雄准则"是"完整和明确的",并且超越了理性论述这一声明,见 M. I. Finley, The World of Odysseus (2nd ed. Harmondsworth 1978), 113。欧弗洛尼奥斯对埃阿斯和阿喀琉斯的描绘,见 Padgett 2001 (Ajax cup: Robertson 1981, 25–8)。

Neils 在 2009 年提出萨尔珀冬的遗体来自"软弱的"蛮族敌人。(她引用了荷马的诗句,例如 Homer, Il. 22.370–5,但如果这种解释正确,就意味着欧弗洛尼奥斯开创了一种不同的萨尔珀冬叙事,就我们所了解的而言,正是荷马将萨尔珀冬塑造为史诗传统中的一个人物。)

关于萨尔珀冬陶瓶B面上人物名字的讨论，见John Boardman's contribution to Cianferoni et al. eds 1992, 45–50；也见Bothmer 1976, 494–5。关于场景含义的进一步探究，见N. J. Spivey, 'The Piping Crab', in Mediterranea (forthcoming)。

5　来世的图像

关于切尔韦泰里考古进展的最新研究：V. Bellelli et al., *Gli Etruschi e il Mediterraneo: La città di Cerveteri* (Rome 2014)。关于伊特鲁里亚人对/使用古希腊陶瓶的喜好，见Spivey在2007年（以及之前的参考文献）和Lubtchansky在2014年的作品；也见J. de la Genière ed., *Les clients de la céramique grecque* (Paris 2006)，以及Cerchiai在2008年的作品。关于欧弗洛尼奥斯和切尔韦泰里，见Arias在1980年的论述。被高估的陶瓶？——引自M. Vickers in AJA 94 (1990), 619。切尔韦泰里的非丧葬场合对古希腊陶瓶的使用：见M. Cristofani et al., Caere 3.1: *Lo scarico arcaico della Vigna Parrocchiale* (Rome 1992), 61–105。

雌狮之墓：引自M. Pallottino, Etruscan Painting (New York 1952), 44。佩齐诺双耳罐：认为图像描绘的是搬运帕特洛克罗斯遗体的观点，见P. E. Arias, 'Morte di un eroe', in Arch.Cl. 21 (1969), 190–203; cf. D. Deorsola et al. eds, *Veder Greco: le necropoli di Agrigento* (Rome 1988), 221。

修普诺斯和塔纳托斯：莱辛在1769年有力地分析了为何"死神"很少被形象化为骷髅这一问题；罗伯特在1879年则汇集了很多有用的视觉资料。除了K. Heinemann轰动的学位论文 *Tanatos in Poesie und Kunst der Griechen* (Munich 1913)外——再加上LIMC中的有关条目——见C. Mainoldi, 'Sonno e morte in Grecia antica', in R. Raffaelli ed., Rappresentazioni della morte (Urbino 1987), 9–46; and H. A. Shapiro, Personifcations in Greek Art: The Representation of Abstract Concepts 600–400 B.C. (Zürich 1993), 132–47。关于修普诺斯和塔纳托斯在雅典莱基托斯瓶上面的形象，见Oakley 2004, 125-37（包括一个有16个范例的清单）。需要注意的是，在雅典国家博物馆（编

号1830）一只保存状况糟糕的莱基托斯瓶上，赫尔墨斯的姿态是由现代画师们修复这一图像的方式决定的，参见 E. Buschor, 'Attische Lekythen der Parthenonzeit', in *Münchner Jahrbuch* n.s. 2 (1925), pl. 5。

6　图像的来世（1）

关于亚历山德里亚的铭文，见 *Rev. Arch.* 40 (1880), 166–70。

欧弗洛尼奥斯创作的门农残片来自纽约大都会艺术博物馆，编号11.140.6。有人声称，一些被认为表现了萨尔珀冬的陶瓶可能更能代表门农——见 M. E. Clark & W. D. E. Coulson, 'Sarpedon and Memnon', in *Museum Helveticum* 35 (1978), 65–73。这与围绕《伊利亚特》与《厄提俄皮斯》关系的长期争论有关。根据陶瓶来重建遗失史诗的内容可能会陷入循环论证之中（更为谨慎的观点，见 E. Löwy, 'Zur Aithiopis', Neue Jahrb. 1914, 81–94）；更有说服力的是 Bothmer 1987 和 Euphronios, 114。

拥有搬运遗体这种主题装饰把手的其他"基斯塔"，包括 New York Metropolitan Museum 22.84.1；Berlin 6236；London BM 738–20 263；Villa Giulia 13199 (Amazons)。取自 J. D. Beazley, *The Lewes House Collection of Ancient Gems,* Oxford 2002 (Oxford 1920), 36。

Sommerstein 在2008年编辑并讨论了埃斯库罗斯的残篇；关于欧罗巴/卡里亚人的分期，见 Keen 2005, esp. 64–7。关于纽约陶瓶，见 Messerschmidt 1932 和 Picard 1953；也见 A. Kossatz-Deissmann, *Dramen des Aischylos auf westgriechischen Vasen* (Mainz 1978), 66–74, and O. Taplin, Pots and Plays (Los Angeles 2007), 72–4；也要注意 Policoro(inv. 35294) 中的"提水罐"，它（在肩部）刻画了位于一具遗体旁的修普诺斯和塔纳托斯。

伊利昂石碑：引自 M. Squire, *The Iliad in a Nutshell: Visualizing Epic on the Tabulae Iliacae* (Oxford 2011), 175。

关于来自庞贝的象牙板：进一步确

定了阿多尼斯的身份（和"一个令人想起基督受难的场景"），见 P. W. Lehmann, *Roman Wall Paintings from Boscoreale in the Metropolitan Museum of Art* (Cambridge, Mass., 1953), 58; see also B. Schneider, 'Zwei römische Elfenbeinplatten mit mythologischen Szenen', in *Kölner Jahrbuch für Vor- und Frühgeschichte* 23 (1990), 255-72 (esp. 265-7)。

关于格罗塔费拉塔浮雕，见 L. Musso, 'Il trasporto funebre di Achille sul rilievo Colonna-Grottaferrata: una nota iconografca', in *Bull. Comm.* 93 (1989/90), 9-22；进一步讨论和完整的参考文献，见 A. Ambrogio et al., *Sculture antiche nell'Abbazia di Grottaferrata* (Rome 2008), 90-100。[关于其原始结构，见 Winckelmann, *Monumenti Inediti* (Rome 1767), Fig. 136。]

7　图像的来世（2）

瓦尔堡的"激情程式"及其应用仍然存在问题：见 J. Knape, 'Gibt es Pathosformeln?' in W. Dickhut et al. eds, *Muster im Wandel* (Göttingen 2008), 115-37。欲知详情和讨论，请参阅 E. H. Gombrich, *Aby Warburg: An Intellectual Biography* (2nd ed. Oxford 1986), and R. Woodfeld ed., *Art History as Cultural History: Warburg's Projects* (Amsterdam 2001)。

关于比兹利和"追踪"的范式，见 J. Whitley, 'Beazley as theorist', in *Antiquity* 71 (1997), 40-7。

"这就是文艺复兴的命运，它的摇篮在棺材里。"这句话（直译）出自 André Jolles 1897年在格罗宁根的一次演讲，他后来在写给朋友 Johan Huizinga 的信中也引用过：见 L. Hanssen et al. eds., *J. Huizinga: Briefwisseling* I: 1894-1924 (UtrecH 1989), 326。正如信中明确提到的那样，Jolles 想到了 Nicola Pisano 对比萨公墓的菲德拉石棺的借鉴（pace Settis in Catoni 2013, 85）。

阿尔贝蒂的这段话是根据他著作的意大利语版翻译过来的：拉丁文稍有不同——也是 C. Grayson 在 1972

年首次出版的译本的基础。也可参见 A. Grafon, 'Historia and istoria: Alberti's terminology in context', in *I Tatti Studies in the Italian Reniassance* 8 (1999), 37-68。关于阿尔贝蒂可能会用到的石棺，见 C. Robert, *Die antiken Sarkophag-reliefs* 3.2 (Berlin 1894), pl. 96; and P. P. Bober and R. Rubinstein, *Renaissance Artists and Antique Sculpture* (London 1986), 145-7。巴贝里尼石棺失而复得的故事：B. Kuhn-Forte, 'Der wiederentdeckte Meleagersarkophag Barberini in São Paulo. Provenienz und grafsche Dokumentation (ca. 1516-1630)', in *Pegasus* 13 (2011), 41-75。

关于其他的墨勒阿革洛斯石棺，除了 Koch 在 1975 年提供的"全集"外，还可参见 G. Traversari 对一组此类石棺的正式分析："Sarcofagi con la morte di Meleagro nell'influsso artistico della Colonna Aureliana", *MDAI(R)* 1968, 154-62。另外可参见对一些特定碎片的分析，如 R. Calza, Antichità di Villa Doria Pamphilj (Rome 1977), no. 189; L. Guerrini, *Palazzo Mattei di Giove: le antichità* (Rome 1982), no. 64; G. Becatti, 'Un sarcofago di Perugia e l'ofcina del Maestro delle imprese di Marco Aurelio', in L. F. Sandler ed., *Essays in Memory of Karl Lehmann* (New York 1964), 30-7; A. M. McCann, *Roman Sarcophagi in the Metropolitan Museum of Art* (New York 1978), 61-6。

对乔托可能产生的影响：A. Bush-Brown, 'Giotto: two problems in the origin of his style', in *Art Bulletin* 34 (1952), 42-6。吉贝尔蒂的引文摘自 R. Krautheimer, *Lorenzo Ghiberti* (Princeton 1970), 293。多纳泰罗对罗马石棺的利用：M. Greenhalgh, *Donatello and His Sources* (London 1982); H. W. Janson, 'Donatello and the antique', in *Donatello e il suo tempo* (Florence 1968), 77-96。西尼奥雷利：《关于瓦萨里的逸事和科尔托纳的基督受难像》，见 M. Cruttwell, *Luca Signorelli* (London 1899), 10; T. Henry, *The Life and Art of Luca Signorelli* (London 2012), xiii-xv; 215。关于"死者之臂"元素的遗产，见 G. Pellegrini, *Il braccio* della morte: migrazioni iconografche (Cagliari 1993)。

关于拉斐尔对石棺的借鉴，见 Spivey 2001, 112–21; C. L. Ragghianti, *La Deposizione di Raffaello* (Milan 1947); K. Hermann-Fiore ed., *Raffaello: La Deposizione in Galleria Borghese* (Milan 2010), 129–31。关于瓦萨里，见 L. De Girolami Cheney, 'Giorgio Vasari: *Il trasporto di Cristo o Cristo portato al Sepolcro*', in Artibus et Historiae 32, no. 64 (2011), 41–61。

关于大卫像，见 S. Howard, *A Classical Frieze by Jacques Louis David* (Sacramento 1975)。关于墨勒阿革洛斯石棺上各种各样的大卫像，见 P. Rosenberg & L.-A. Prat, *Jacques-Louis David 1748–1825: Catalogue raisonné des dessins* (Milan 2002)。

关于"具身认知"领域的研究正在迅速发展：这里的引文仅限于 D. Freedberg and V. Gallese, 'Motion, emotion and empathy in esthetic experience', in *Trends in Cognitive Science* 11 (2007), 197–203。

尾声

关于萨尔珀冬的吕基亚血统，见 P. Kretschmer in Glotta 28 (1940), 104；也见 Janko 1992, 371ff。关于桑索斯的"大型建筑G"，见 H. Metzger, *Fouilles de Xanthe* II (Paris 1963), 49–61。Keen 在1996年乐观地提出了将其视作萨尔珀冬石棺的观点；另外参见 A. G. Keen, *Dynastic Lycia* (Leiden 1998), 186–92。

参考文献

Arias, P. E. 1980. 'La provenienza dei vasi di Euphronios', in *The Preservation and Use of Artistic Cultural Heritage: Perspectives and Solutions*, Varese, 59-70.

Barbanera, M. 1994. 'Un' impronta gemmaria Cades e il problema dell' iconografia del trasporto funebre dell' eroe', in *Arch.Cl.* 46, 385-400.

Boardman, J. 2001. *The History of Greek Vases*. London.

Bothmer, D. v. 1976. 'Der Euphronioskrater in New York', in *AA* 1976, 485-512.

Bothmer, D. v. 1981. 'The death of Sarpedon', in S. L. Hyatt ed., *The Greek Vase*, New York, 63-80.

Bothmer, D. v. 1987. 'Euphronios and Memnon? Observations on a red-figured fragment', in *Metropolitan Museum Journal* 22, 5-11.

Bothmer, D. v. 1990. 'Euphronios: an Attic vase-painter' s view of the human body', in *Dialexeis* 1986-1989 (Goulandris Foundation), 25-42.

Bothmer, D. v. 1994. s.v. 'Sarpedon', in *LIMC* 7, 696-700. Zürich.

Catoni, M. L. 2010. *Bere vino puro: immagini del simposio*. Milan.

Catoni, M. L., Ginzburg, C., Giuliani, L. & Settis, S. 2013. *Tre figure: Achille, Meleagro, Cristo*. Milan.

Cerchiai, L. 2008. 'Euphronios, Kleophrades, Brygos: circolazione e committenza della ceramica attica a figure rosse in Occidente', in *Workshop di archaeologia classica* 5, 9-28.

Cianferoni, G. C., Cygielman, M. & Iozzo, M. (eds). 1992. *Euphronios: Atti del Seminario Internazionale di Studi*. Florence.

Denoyelle, M. (ed.). 1992. *Euphronios peintre: Actes de la journée d'étude organisée par l'Ecole du Louvre et le*

Département des antiquités grecques, étrusques et romaines du Musée du Louvre, 10 octobre 1990. Paris.

Denoyelle, M. & Pasquier, A. (eds). 1990. *Euphronios, peintre à Athènes au VIe siècle avant J.-C.* Paris.

Frel, J. 1983. 'Euphronios and his fellows', in W. G. Moon (ed.), *Ancient Art and Iconography*, Wisconsin, 147–58.

Haspels, C. H. E. 1930. 'Deux fragments d'une coupe d'Euphronios', in *BCH* 54, 422–51.

Hedreen, G. 2016. *The Image of the Artist in Archaic and Classical Greece: Art, Poetry, and Subjectivity*. Cambridge.

Hoving, T. 1993. *Making the Mummies Dance: Inside the Metropolitan Museum of Art*. New York.

Hoving, T. et al. 1975. *The Chase, the Capture: Collecting at the Metropolitan*. New York.

Janko, R. 1992. *The Iliad: A Commentary, Vol. IV: Books 13–16*. Cambridge.

Keen, A. G. 1996. 'The identification of a hero-cult centre in Lycia', in M. Dillon (ed.), *Religion in the Ancient World: New Themes and Approaches*, Amsterdam, 229–43.

Keen, A. G. 2005. 'Lycians in the Cares of Aeschylus', in F. McHardy (ed.), *Lost Drama of Classical Athens*, Exeter, 63–82.

Klein, W. 1886. *Euphronios. Eine Studie zur Geschichte der griechischen Malerei* (2nd ed.), Vienna.

Koch, G. 1975. *Die Mythologischen Sarkophage, 6: Meleager*. Berlin.

Lessing, G. E. 1769. *Wie die Alten den Tod gebildet: eine Untersuchung.* Berlin.

Lissarrague, F. 1990. 'Around the krater: an aspect of banquet imagery', in O. Murray (ed.), *Sympotica: A Symposion on the Symposion*, Oxford, 196–209.

Lubtchansky, N. 2014. '"Bespoken vases" tra Atene e Etruria?', in *Annali della Fondazione per il Museo 'Claudio Faina'* 21, 357–81.

Maxmin, J. 1973. 'Euphronian legs reconsidered', in *Athens Annals of Archaeology* 6, 299–301.

Maxmin, J. 1974. 'Euphronios Epoiesen: Portrait of the Artist as a Presbyopic Potter', in G&R 21, 178–80.

Messerschmidt, F. 1932. 'Büchenbild und Vasemalerei', in RM 47, 122–51.

Nagy, G. 1983. 'On the death of Sarpedon', in C. A. Rubino and C. W. Shelmerdine (eds), Approaches to Homer, Austin, 189–217.

Neer, R. T. 2002. Style and Politics in Athenian Vase-Painting. Cambridge.

Neils, J. 2009. 'The "unheroic" corpse: re-reading the Sarpedon krater', in J. H. Oakley and O. Palagia (eds), Athenian Potters and Painters Vol. II, Oxford, 212–19

Nørskov, V. 2002. Greek Vases in New Contexts. Aarhus.

Oakley, J. H. 2004. Picturing Death in Classical Athens: The Evidence of the White Lekythoi. Cambridge.

Ohly-Dumm, M. 1974. 'Euphroniosschale und Smikrosscherbe', in Münchener Jahrbuch 25, 7–26.

Padgett, J. M. 2001. 'Ajax and Achilles on a calyx-krater by Euphronios', in Record of the Art Museum, Princeton University 60, 2–17.

Pasquier, A. 1981. 'Nouvelles découvertes à propos du cratère d'Antèe peint par Euphronios', in Revue du Louvre, 1–9.

Picard, C. 1953. 'La mort du Sarpédon d'apres une tragédie perdue d'Eschyle (Europé) sur un vase du Metropolitan Museum (New York)', in CRAI 1953, 103–20.

Rizzo, M. A. 2009. 'Ceramica attica dal santuario in località S. Antonio a Cerveteri', in S. Fortunelli & C. Massenia (eds), Ceramica attica da santuari della Grecia, della Ionia e dell'Italia, Perugia, 369–85.

Robert, C. 1879. Thanatos. Berlin.

Robertson, M. 1981. 'Euphronios at the Getty', in The J. Paul Getty Museum Journal 9, 23–34.

Robertson, M. 1988. 'Sarpedon brought home', in J. H. Betts, J. T. Hooker & J. R. Green (eds), Studies in Honour of T. B. L. Webster Vol. II, Bristol, 109–20.

Robertson, M. 1992. *The Art of Vase-Painting in Classical Athens*. Cambridge.

Settis, S. 2000. 'Ars Moriendi: Cristo e Meleagro', in *Annali della Scuola Normale Superiore di Pisa s.* 4, *Quaderni* 1-2, 145-70 (= Catoni et al. 2013, 85-108).

Shapiro, H. A. 2000. 'Leagros and Euphronios: painting pederasty in Athens', in T. K. Hubbard (ed.), *Greek Love Reconsidered*, New York, 12-32.

Shapiro, H. A. 2004. 'Leagros the satyr', in C. Marconi (ed.), *Greek Vases: Images, Contexts and Controversies*, Leiden, 1-11.

Sommerstein, A. H. 2008. *Aeschylus: Fragments*. Harvard.

Spivey, N. J. 1991. 'Greek vases in Etruria', in T. Rasmussen & N. Spivey (eds), *Looking at Greek Vases*, Cambridge, 131-50.

Spivey, N. J. 2000. *Enduring Creation*, London and Berkeley.

Spivey, N. J. 2007. 'Volcanic landscape with craters', in *Greece & Rome* 54, 229-53 (= D. Yatromanolakis ed., *An Archaeology of Representations*, Athens 2009, 50-75).

Tsingarinda, A. 2009. 'The death of Sarpedon: workshops and pictorial experiments', in S. Schmidt & J. H. Oakley (eds), *Hermeneutik der Bilder. Beiträge zur Ikonographie und Interpretation griechischer Vasenmalerei*. Munich.

Turner, M. 2004. 'Iconology vs iconography: the influence of Dionysos and the imagery of Sarpedon', in *Hephaistos* 21/22, 53-79.

Vermeule, E. 1965. 'Fragments of a symposion by Euphronios', in *Antike Kunst* 8, 34-9.

Vernant, J.-P. 2001. 'A "beautiful death" and the disfigured corpse in Homeric epic', in D. L. Cairns (ed.), *Oxford Readings in Homer's Iliad*, Oxford, 311-41.

Villard, F. 1953. 'Fragments d'une amphore d'Euphronios au Musée du

Louvre', in *MonPiot* 47, 35-46.

Webster, T. B. L. 1972. *Potter and Patron in Classical Athens*. London.

Wegner, M. 1979. *Euthymides und Euphronios*. Münster.

Wehgartner, I. (ed.) 1992. *Euphronios und seine Zeit*. Berlin.

Williams, D. 1991. 'Onesimos and the Getty Iliupersis', in *Greek Vases in the J.P. Getty Museum* 5, 41-62.

Williams, D. 1996. 'Refiguring Attic red-figure: A review article', in RA 2, 227-52.

Williams, D. 2005. 'Furtwängler and the Pioneer painters and potters', in V. M. Strocka (ed.), *Meisterwerke: Internationales Symposion nlässlich des 150. Geburtstages von Adolf Furtwängler,* Munich, 271-83.

Williams, D. (forthcoming). 'Villard and the Campana Collection; Euphronios and Smikros'.

图片来源

Plates 0–3: SAEM (Soprintendenza archeologica per l'Etruria meridionale).

Fig.1: Ingrid Geske.

3: Staatliche Antikensammlungen und Glyptothek München/Renate Kühling.

7: Dario Pignatelli/Reuters. 8: after FR pl. 22.

9: after FR pl. 61.10: after Graef & Langlotz, Die antiken Vasen von der Akropolis zu Athen (Berlin 1925), pl. 8.

11: Image from the Beazley Archive, courtesy of the Classical Art Research Centre, University of Oxford. 12: Courtesy of the Getty's Open Content Program.

13: after FR pl. 92. 17: Image from the Beazley Archive, courtesy of the Classical Art Research Centre, University of Oxford.

18: after FR pl. 157. 19: after Mon.Piot 9 (1902), pl. 2.

23: after FR pl. 63. 24, 28, 32, 37, 38: SAEM.

40: After Mon. dell'Inst. 6 (1858), pl. 21.

43: after CVA Athens 2, pl. 20(4).

42, 45, 46: Metropolitan Museum. 47: National Museums, Liverpool.

51: Cleveland Museum of Art.

39, 44, 64, 67: By Courtesy of the Trustees of the British Museum.

54: after O. Jahn, Griechische Bilderchroniken, pl. 1.

55: Naples, Museo Archeologico.

57: after G.P. Bellori, Antiche lucerne sepolcrali figurate raccolte dalle cave sotterranee e grotte di Roma (Rome 1691), pl.10.

60: after Koch 1975, pl. 75. 61: The Warburg Institute.

63: after Koch 1975, pl. 84.

65: Reproduced by permission of the Provost and Fellows of Eton College. 71: Francesco Rinaldi.

74: Larry Burrows/The LIFE Picture Collection/Getty Images. Other images: the author, or archives of the Museum of Classical Archaeology, Cambridge.

译名对照表

人名

A

阿比·瓦尔堡 Aby Warburg
阿喀琉斯 Achilles
阿道夫·福特文格勒 Adolf Furtwängler
阿多尼斯 Adonis
阿伽帕 Agapa Agape
阿伽门农 Agamemnon
阿格莱亚 Aglaia
阿卡斯托斯 Akastos
阿拉里克 Alaric
阿尔凯乌斯 Alcaeus
阿尔泰娅 Althaea
阿蒙神 Amun
阿芙洛狄忒 Aphrodite
阿佛洛狄西亚 Aphrodisias
阿波罗 Apollo
阿那克里翁 Anacreon
阿佩莱斯 Apelles
阿雷佐 Arezzo
阿瑞斯 Ares
阿尔戈斯 Argos
阿里斯托诺托斯 Aristonothos

阿尔曼多·切内莱 Armando Cenere
阿斯塔忒 Astarte
阿斯贝蒂尼 Aspertini
阿塔兰忒 Atalanta
阿克西波斯 Axippos
埃癸斯托斯 Aegisthus
埃斯库罗斯 Aeschylus
埃托利亚 Aetolia
埃雷特里亚 Eretrians
艾尼亚·霍多伊 Ennea Hodoi
安德利斯科斯 Andriskos
安布罗西奥斯 Ambrosios
安德烈·乔勒斯 Andre Jolles
安德烈亚·曼特尼亚 Andrea Mantegna
安多基德斯 Andocides
安泰俄斯 Antaios
安忒诺尔 Antenor
安提亚斯 Antias
安提丰 Antiphon
安提戈涅 Antigone
安提罗科斯 Antilochus
安东尼奥 Antonio
安提芬尼斯 Antiphanes
安菲波利斯 Amphipolis

埃阿斯 Ajax
埃利·博罗夫斯基 Elie Borowski
埃奥斯 Eos
埃戈迪莫斯 Ergotimos
埃尔文·帕诺夫斯基 Erwin Panofsky
埃克塞奇亚斯 Exekias
奥托吕库斯 Autolycus
艾米丽·韦尔缪勒 Emily Vermeule
爱德华·沃伦 Edward Warren
爱德华·格哈德 Eduard Gerhard
A.E.豪斯曼 A. E. Housman
奥德赛 Odyssey
奥俄纽斯 Oeneus
奥尔托斯 Oltos
奥奈西摩斯 Onesimos
奥维德 Ovid

B

巴格里奥尼 Baglioni
柏勒洛丰 Bellerophon
伯纳德·贝伦森 Bernard Berenson
布卢姆茨伯里 Bloomsbury
波瑞阿斯 Boreas
博尔盖塞 Borghese
布里塞伊斯 Briseis
布鲁图斯 Brutus
保罗·赞克 Paul Zanker
保罗·哈特维希 Paul Hartwig

保罗·高更 Paul Gauguin
彼得·斯图尔特 Peter Stewart
比萨诺 Pisano
庇西特拉图 Peisistratus
毕达哥拉斯 Pythagoras
波吕斐摩斯 Polyphemus
波吕尼凯斯 Polynikes

D

大卫·弗里德伯格 David Freedberg
达里奥·弗兰切斯基尼 Dario Franceschini
迪克兰·萨拉菲安 Dikran Sarrafian
迪特里希·冯·博思默 Dietrich von Bothmer
多纳泰罗 Donatello
多里斯 Douris
狄弗里·威廉姆斯 Dyfri Williams
杜斯基维茨 Tyskiewicz

E

恩尼乌斯 Ennius
恩斯特·H.贡布里希 Ernst H. Gombrich
E.V.里乌 E.V. Rieu

F

法厄同 Phaethon

菲狄亚斯 Pheidias
菲利佩·德·蒙特贝洛 Philippe de Montebello
菲利波·布鲁内列斯基 Filippo Brunelleschi
菲德拉 Phaedra
菲罗斯特拉图斯 Philostratus
菲阿罗斯 Phyallos
弗朗西斯科·斯夸尔乔内 Francesco Squarcione
弗拉克斯曼 Flaxman
弗兰克·塔贝尔 Frank Tarbell
弗朗索瓦·维拉尔 Francois Villard
弗里茨·伯基 Fritz Bürki
芬提亚斯 Phintias

G
格特鲁德·宾 Gertrud Bing
格劳孔 Glaukon
格劳克斯 Glaucus
戈特霍尔德·莱辛 Gotthold Lessing
G.P.贝洛里 G. P. Bellori

H
海利凯 Helike
海伦 Helen
赫利俄斯 Helios
赫伯特·卡恩 Herbert Cahn

赫克托耳 Hector
赫库兰尼姆 Herculaneum
赫克利 Hercle
赫尔墨斯 Hermes
赫格西亚斯 Hegesias
亨利·梅茨格 Henri Metzger

J
J.保罗·盖蒂 J. Paul Getty
J.J. 温克尔曼 J. J. Winckelmann
吉塞拉·里希特 Gisela Richter
吉安皮特罗·坎帕纳 Giampietro Campana
基科诺斯 Kyknos
基斯塔 Cista
杰拉尔丁·诺曼 Geraldine Norman
加利亚纳 Galiana
嘉琳 Galene
贾斯珀·冈特 Jasper Gaunt
贾科莫·美第奇 Giacomo Medici
久伊·海德林 Guy Hedreen

K
卡戎 Charon
卡吕冬 Calydon
卡诺瓦 Canova
卡尔·赖希霍尔德 Carl Reichhold
卡拉瓦乔 Caravaggio

卡斯特拉尼 Castellani
喀刻莱里昂 Kachrylion
喀迈拉 Chimaera
肯尼思·多佛 Kenneth Dover
克雷提亚斯 Kleitias
克莱提亚斯 Kleitias
克莱奥弗拉戴斯 Kleophrades
克鲁索 Clouseau
克瑞乌萨 Creusa
克里提亚斯 Critias
克里斯汀·亚历山大 Christine Alexander
克里斯托斯·齐罗吉安尼斯 Christos Tsirogiannis
库普塞洛斯 Kypselos
凯瑟琳·勒罗伊 Catherine Leroy
科尔托纳 Cortona
坎皮利亚 G. D. Campiglia
昆图斯·斯米尔奈乌斯 Quintus Smyrnaeus

L

拉奥达马斯 Laodamas
拉奥达墨娅 Laodameia
拉里·伯罗斯 Larry Burrows
拉达曼托斯 Rhadamanthus
莱昂·列维 Leon Levy
莱昂·巴蒂斯塔·阿尔贝蒂 Leon Battista Alberti
莱阿格罗斯 Leagros
勒达 Leda
列奥纳多·达·芬奇 Leonardo Da Vinci
路易斯 Lewes
洛伦佐·吉贝尔蒂 Lorenzo Ghiberti
吕西安·波拿巴 Lucien Bonaparte
吕科墨得斯 Lycomedes
卢卡·德拉·罗比亚 Luca della Robbia
卢卡·西尼奥雷利 Luca Signorelli
路德维希一世 King Ludwig I
理查德·亨特 Richard Hunter
理查德·米尔班克 Richard Milbank
理查德·杨科 Richard Janko
罗宾·赛姆斯 Robin Symes
罗伯特（鲍勃）·赫克特 Robert Hecht
罗索·菲奥伦蒂诺 Rosso Fiorentino

M

马可·安东尼 Mark Antony
马丁·罗伯逊 Martin Robertson
马里昂·特鲁 Marion True
马西莫·帕罗蒂诺 Massimo Pallottino
玛丽亚·安东尼耶塔·里佐 Maria Antonietta Rizzo
玛蒂尔达 Matilda
抹大拉的玛利亚 Mary Magdalene

麦加拉 Megara
墨勒阿革洛斯 Meleager
墨涅拉俄斯 Menelaus
麦东 Medon
麦贡 Megon
门农 Memnon
迈克尔·帕吉特 Michael Padgett
迈克尔·斯夸尔 Michael Squire
米诺斯 Minos
米诺陶 Minotaur
摩涅摩叙涅 Mnemosyne
命运女神 Moirai
穆丽尔·希尔伯斯坦 Muriel Silberstein
穆丽尔·斯坦伯格·纽曼 Muriel Steinberg Newman
密耳弥冬 Myrmidons
密尔提罗斯 Myrtilos

N
涅斯托耳 Nestor
农西奥 Nencio
尼科斯提尼 Nikosthenes
尼哥底母 Nicodemus
尼古拉·比萨诺 Nicola Pisano
尼俄柏 Niobe
尼奥普托莱摩斯 Neoptolemos

O
欧罗巴 Europa
欧西米德斯 Euthymides
欧克西泰奥斯 Euxitheos
欧弗洛尼奥斯 Euphronios
欧阿尔科斯 Euarchos
欧阿尔奇戴斯 Eualkides
欧卡利戴斯 Eucharides
欧埃尔同 Euelthôn
欧佛尔布斯 Euphorbus
欧律提奥斯 Eurytios
欧里庇得斯 Euripides

P
帕里斯 Paris
帕莱斯托 Palaisto
帕西提亚 Pasithea
帕特洛克罗斯 Patroclus
帕萨尼亚斯 Pausanias
佩戈 Pego
彭透斯 Pentheus
珀琉斯 Peleus
皮斯托克塞诺斯 Pistoxenos
蓬托莫 Pontormo
普里阿摩斯 Priam
普罗维登斯 Providence
普西亚克斯 Psiax
皮洛斯 Pylos

Q
乔治·瓦萨里 Giorgio Vasari
乔治娜·布莱克威尔 Georgina Blackwell
乔瓦尼·莫雷利 Giovanni Morelli

R
让·韦尔南 Jean Vernant
让-保罗·马拉 Jean-Paul Marat

S
萨尔瓦多·赛提斯 Salvatore Settis
塞克利奈 Sekline
索菲洛斯 Sophilos
索福克勒斯 Sophocles
索西亚斯 Sosias
苏维托尼乌斯 Suetonius
斯米克拉 Smikra
斯米克罗斯 Smikros
斯特拉波 Strabo
色诺芬尼 Xenophanes

T
塔纳托斯 Thanatos
忒勒福斯 Telephus
忒提斯 Thetis
特勒波勒摩斯 Tlepolemus
特拉莱斯 Tralles
特里亚农 Trianon
提法里·维利亚纳斯 Thefarie Velianas
特拉叙麦罗斯 Thrasymelos
提托诺斯 Tithonos
提香 Titian
提尔泰奥斯 Tyrtaeus
托马斯·登普斯特 Thomas Dempster
托马斯·霍文 Thomas Hoving
托吕奇翁 Thorykion
图德摩斯 Thoudemos
图斯库罗姆 Tusculum
图楚尔查 Tuchulcha

W
威廉·克莱因 Wilhelm Klein
维吉尔 Vergil
维托里奥·加莱塞 Vittorio Gallese
维拉尔 Villard
翁布里亚 Umbria
文森佐·贝莱利 Vincenzo Bellelli
屋大维 Octavian

X
希波罗科斯 Hippolochos
希帕尔库斯 Hipparchos
希波墨冬 Hippomedon
希波吕托斯 Hippolytus
西格蒙德·弗洛伊德 Sigmund Freud

西塞罗 Cicero
西奥多·卢梭 Theodore Rouseau
谢尔比·怀特 Shelby White
修普诺斯 Hypnos
叙普西斯 Hypsis
叙科 Syko

Y
雅克·欧尔贡 Jacques Heurgon
雅克-路易·大卫 Jacques-Louis David
亚利马太的约瑟 Joseph of Arimathea
亚瑟·霍夫顿 Arthur Houghton
伊阿宋 Jason
伊里·弗雷尔 Jiri Frel
尤斯塔修斯 Eustathius
约翰·马歇尔 John Marshall
约翰·D. 比兹利 John D. Beazley

Z
朱利亚·贝尔托尼 Giulia Bertoni
朱塞佩·普罗耶蒂 Giuseppe Proietti
詹姆斯·克拉克森 James Clackson

地名、建筑物名称

阿尔巴诺丘陵 Alban Hills
埃森河 Esen
奥尔维耶托 Orvieto
班迪塔其亚 Banditaccia

巴巴维诺大道上的法拉尼 Fallani s on the Via del Babuino
巴贝里尼宫 Palazzo Barberini
波特塞门 Porta Portese
博尔盖塞广场 Piazza Borghese
比萨公墓 Pisa's Campo Santo
哈耳庇厄墓 Harpy Tomb
卡斯 Kas
卡尔坎 Kalkan
卡里亚 Caria
科洛封 Colophon
德尔维尼 Derveni
大希腊 Magna Grecia
多利亚潘菲利宫 Palazzo Doria Pamphilj
法尔法修道院 Abbey of Farfa
格拉齐奥希宫 Palazzo Graziosi
奎里纳莱宫 Palazzo del Quirinale
利姆诺斯岛 Lemnos
吕基亚 Lycia
罗德岛 Rhode Island
鲁沃 Ruvo
蒙特里布蕾蒂 Montelibretti
曼特罗契 Monterozzi
米利都 Miletus
摩根蒂纳 Morgantina
奈克罗波利斯 Necropolis
涅瑞伊得纪念碑 Nereid Monument

帕多瓦 Padua
帕埃斯图姆 Paestum
佩鲁贾 Perugia
皮尔基 Pyrgi
皮斯托亚 Pistoia
普罗维登斯 Providence
普莱内斯特 Praeneste
切尔韦泰里 Cerveteri
切索尼斯 Chersonnese
奇维塔韦基亚 Civitavecchia
塞萨洛尼卡 Thessalonica
萨宾山 Sabine Hills
萨索斯 Thasos
桑索斯 Xanthos
圣安杰洛 Greppe Sant' angelo
圣布里齐奥 San Brizio
圣塞波尔克罗 San Sepolcro
圣弗朗切斯科·阿尔普拉托教堂 the church of San Francesco al Prato
斯科里亚 Skolia
陶工区 Potters Quarter
塔奎尼亚 Tarquinia
武尔奇 Vulci
维爱 Veii
瓦齐纳山谷 Vaccina valley
西盖翁 Sigeum
英雄圣堂 Heroôn
伊特鲁里亚 Etruia

专有名词、机构名称

雅典国家博物馆 ANM
埃弗比团成员 Ephebe
柏林考古博物馆 The archaeological museums in Berlin
城市酒神节 City Dionysia
大酒壶 Oinochoe
德意志考古研究所 Deutsches Archäologisches Institut
公共图书馆 Bibliothêkê
公餐 Syssitia
灰色单色画 Grisaille
激情程式 Pathos formel
巨幅画技术 Megalographia
几何陶时代 Geometric
缄默法则 Omertà
金贝尔艺术博物馆 Kimbell Art Museum
克里斯蒂拍卖行 Christie's
考古研究所 Instituto di Corrispondenza Archeologica
库普塞洛斯雪松木箱 Chest of Kypselos
吕克昂学园 Lyceum
罗马美国学院 American Academy at Rome
罗马奖 Prix de Rome
轮回转世 Metempsychosis

慕尼黑州立考古博物馆 Munich's Staatliche Antikensammlungen
美国钱币协会 American Numismatic Society
美即善 Kalokagathia
男室 Andrôn
帕布利卡美术馆 Caserma pubblica
劝喻体哀歌 Hortatory Elegiac
前拉斐尔派 Pre-Raphaelites
圣餐 Holy Communion
桑德罗的朋友们综合征 Amico Di Sandro syndrome
苏富比拍卖行 Sotheby
寿终正寝 Ouk An Aôros
死者之臂 Braccio Della Morte
扫墓餐 Silicernium
斯玛特博物馆 Smart Museum

同伴压力 Peer Pressure
维纳·韦克斯塔特 Wiener Werkstatt
维斯的宝藏 Trésor de Vix
新嘉士伯艺术博物馆 Ny Carlsberg Glyptotek
先锋派 Pioneers /Pezzino Group
乡村酒神节 Rural Dionysia
伊特鲁里亚国家博物馆 National Etruscan Museum
伊利昂石碑 Tabula Iliaca Capitolina
议事会 Boulê
韦德基金会 J. H. Wade Fund
野兽派 Fauves
英年早逝 Thanatos Aôros/Mors Immatura
朱利亚别墅博物馆 Villa Giulia

里程碑文库
The Landmark Library

"里程碑文库"是由英国知名独立出版社宙斯之首（Head of Zeus）于2014年发起的大型出版项目，邀请全球人文社科领域的顶尖学者创作，撷取人类文明长河中的一项项不朽成就，以"大家小书"的形式，深挖其背后的社会、人文、历史背景，并串联起影响、造就其里程碑地位的人物与事件。

2018年，中国新生代出版品牌"未读"（UnRead）成为该项目的"东方合伙人"。除独家全系引进外，"未读"还与亚洲知名出版机构、中国国内原创作者合作，策划出版了一系列东方文明主题的图书加入文库，并同时向海外推广，使"里程碑文库"更具全球视野，成为一个真正意义上的开放互动性出版项目。

在打造这套文库的过程中，我们刻意打破了时空的限制，把古今中外不同领域、不同方向、不同主题的图书放到了一起。在兼顾知识性与趣味性的同时，也为喜欢此类图书的读者提供了一份"按图索骥"的指南。

作为读者，你可以把每一本书看作一个人类文明之旅的坐标点，每一个目的地，都有一位博学多才的讲述者在等你一起畅谈。

如果你愿意，也可以将它们视为被打乱的拼图。随着每一辑新书的推出，你将获得越来越多的拼图块，最终根据自身的阅读喜好，拼合出一幅完全属于自己的知识版图。

我们也很希望获得来自你的兴趣主题的建议，说不定它们正在或将在我们的出版计划之中。

里程碑文库编委会